自閉症児・発達障害児の教育目標・教育評価 1

編著 三木裕和、越野和之
障害児教育の教育目標・教育評価研究会

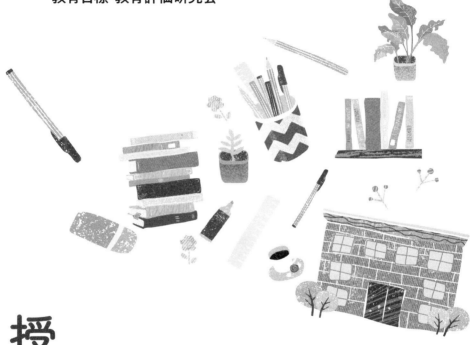

子どもの「ねがい」と授業づくり

クリエイツかもがわ

まえがき

　ある高機能自閉症青年のご家族から相談を受けた。

　高校を卒業し、いったんは就職したものの、職場の人間関係が難しく、離職。その後、家庭で暮らしている。もともと理系の勉強が得意で、就職の際もそういう仕事を選んだ。だから、仕事が苦手なわけではない。むしろ、よくできていたし、重宝がられてもいた。しかし、思わぬ事件が起きる。仕事時間中に先輩から「お茶、行こうぜ」と誘われ、それを断り切れずに同行。喫茶店でアイスコーヒーを飲んだ。

　罪の意識から上司に相談した。それが先輩の逆鱗に触れ、「おまえがチクった」と恫喝された。職場の仲間は誰も助けてくれず、仲間関係の深いヒビは修復されなかった。

　単純に図式化してはいけないだろうが、しかし、誰か助けてくれなかったのだろうか。この職場、これで大丈夫なのだろうかといぶかしむ。「勤務時間中に喫茶店に行くのは問題ですね、でも、時にはそういうこともありますよ」と上司は取りなしてくれなかったのか。現代日本では、そんな話は絵空事なのか。

　労働の競争環境が厳しくなっている。労働者の相互監視が当たり前となり、それは仲間の相互否定を生みやすい。社会性に柔軟さの欠ける自閉症の人たちは、衝突の矢面に立たされる。本人には「悪いことをした」という自覚はなく、むしろ、正論を掲げて臨んでいるはずなのに、ニアミスの言動が批判を招く。「私は正しい」という意地がさらに周りの反感を招く。

　考えてみれば、今の世の中、大人たちがあまりにもイライラしている。怒りっぽくなっている。そして、近くの人に怒りをぶつけて、何とか精神のバランスを保とうとしている。

　障害児教育において、学校教員が「社会に出たら厳しいぞ」と説諭する場合、このイライラ感への恐懼が基礎にあるはずだ。労働そのものの難しさ、労働規律の実際よりも、世の中の殺伐とした雰囲気、この子たちはそれに厳しく追い込まれるの

ではないか。その認識が、自閉症、発達障害の学校教育において「素直な心性」を求め、服従訓練のような授業を招いている。多くの教師はそれに苦しんでいるはずだ。

　障害児教育の教育目標・教育評価研究会は、2012年春から鳥取大学を会場に、研究者と学校教員の共同研究を続けてきた。2012年から2013年の2年間は、研究の障害カテゴリーを重症心身障害に設定し、計5回の合宿研究会をもった。研究成果は『障害のある子どもの教育目標・教育評価——重症児を中心に』（クリエイツかもがわ、2014年）にまとめた。

　2014年からは、対象を自閉症・発達障害に広げ、教育目標・教育評価の観点から研究の深化をめざした。しかし、自閉症の教育目標・教育評価研究は思うようには進まなかった。それは、自閉症という障害の理解が難しかったからではない。学校教育が現代社会の要求に翻弄され、教育本来の伸びやかさを失いつつあったからである。

　自閉症教育において、目標・評価は「行動変容」を基準に語られることが多く、それは「結果さえよければ何でもいい」という雰囲気が生まれやすい。一部の学校では人権問題を疑わせるような乱暴な「指導」がまかり通っていた。

　この粗暴な教育実践を忌避する心情からか、心理学や医学の科学的知見に強く依拠する傾向も見られる。授業実践に実証的検証を要求し、エビデンスベーストな教育観を学校に持ち込んでいる。一見、新風に見えるこれらの教育思想は、しかし、教材のもつ価値を軽視し、教育目標そのものの教育的意義に疑問を残す傾向をもっている。

　私たちは自閉症児・発達障害児の教育目標・教育評価研究に当たって、じっくりと腰を据え、時間をかけて研究することとした。2014年から2017年の4年間、各年3回、計12回の合宿研究会をもった。特別支援学校教員、小・中・高等学校教員、福祉施設職員、大学教員（教育方法学、障害児教育学、発達心理学、障害児心理学）など、毎回30名前後の参加者が、主に鳥取大学を会場として参集した。その報告と討論をまとめたものが本書2分冊である。

　第1分冊では、青年期と性教育、小学校の「ことば」の授業、特別支援学校の理科・社会科、青年期の「お笑い」の取り組み、子ども期の発達診断と授業実践など、

主に自閉症の教育実践、授業づくりの可能性を追求した。あわせて、障害児教育学、教育方法学、障害児心理学、青年期教育学の研究者がそれに呼応する論考を寄せた。

　第2分冊では、小学校特別支援学級、特別支援学校小学部、高等部、社会福祉事業所のそれぞれにおいて、行動上の問題で苦悩した事例を検討した。自閉症児者への共感的理解とは何かを集団的に議論し、問題提起を試みた。障害児教育学、発達心理学、障害児心理学の研究者がいわゆる「行動障害」を念頭に論考を寄せた。あわせて、発達相談、発達診断の経験から提言を収録した。

　今回寄稿した人以外にも、報告・討論で活躍した人は多くある。その集団的研究活動がここに集約され、現代日本の自閉症児教育に正面から切り込んだ書物となった。そう受け止めていただければ幸いである。

編集者、執筆者を代表して　三木　裕和

＊本書は、文部科学省科学研究費助成事業（学術研究助成基金助成金）基盤研究 (C)「自閉症児の授業づくりにおける教育目標・教育評価に関する研究 (15K04231)」の研究成果の一部を公開するものです。

自閉症児・発達障害児の教育目標・教育評価1
子どもの「ねがい」と授業づくり＊もくじ

まえがき ——————————————— 3

序　章
……8

教育の自由を求めて闘おう
原田　文孝

総　論
……15

自閉症・発達障害教育と教育目標・教育評価
その論点と課題
越野　和之

実　践
……31

性教育の授業でこころを開く
高等部3年間を振り返って
岡野　さえ子 …………………………………… 31

みんなで読む民話『おだんごぱん』
小学校特別支援学級の「ことば」の授業づくり
篠﨑　詩織 ……………………………………… 46

地域を学び、地域に学ぶ
理科／社会科「わたしたちのくらしとしごと」の実践から
石田　誠 ………………………………………… 59

自閉スペクトラム症青年がつむぐ人間関係
高等部専攻科の「お笑いコント」づくりを通して
澤田 淳太郎 ……………………………………………………………… 69

教育実践と発達診断
小川 真也 ………………………………………………………………… 81

実践報告の解説とコメント
自閉症の子ども・青年と授業づくり
川地 亜弥子 ……………………………………………………………92

特 論
……105

人とのつながりのなかで育まれる
自閉症児の発達へのねがい
寺川 志奈子 ……………………………………………………… 105

青年期の発達を保障する学びのあり方
國本 真吾 ………………………………………………………… 120

あとがき ———————————————————————— 135

序章
教育の自由を求めて闘おう

元兵庫県立いなみ野特別支援学校
原田 文孝
Harada Fumitaka

　60年以上生きてきて、「これは確かなことだ」と言えるものは、あまりないのではないかということがわかってきました。諸行無常という教えが身に染みてわかるのです。この60年間の半分以上の38年間を教員として教育という不確実の世界で生きてきたのですから、なおさらこの想いは強いのです。

　大江健三郎は『定義集』(朝日新聞出版、2012)の中で、「『学び返す』と『教え返す』」という文書を書いています。聞きなれない言葉ですが、「unlearn」を「学び返す」、「unteach」を「教え返す」と大江健三郎が自分で訳しているのです。少し引用します。「アメリカ西海岸で長い間働いていた大学を退職して日本に帰り、別の仕事をしようとしている老人が、おれは半生に渡って教育をやるうち、いつの間にか、アカデミズムでの自分のクローン人間だけ養成していたんだ、と転職のきっかけを話します。そこで、やり直しを始めた、それは学んできたものを忘れる、unlearnすることからだ。するとそれにこたえて、おれは学んだことが正しくなかったと教えてくれる、unteachしてくれる若い連中が出てきた。」そして、大江自身が「大切な友人でありながら、もっとも手ごわい批判者である人物を常に必要とした理由」が、こういうことだと述べています。

　私たちが学んできたこと、確かなことだと信じてきたことが、正しくなかったということがたくさんあるのではないでしょうか。「学び返す」ことが必要なのです。そして、正しくないと教えて

くれる批判者を友にすることも必要でしょう。

私たちは、障害児教育の教育目標・教育評価研究会に集まって、実践・理論研究をしてきました。それは、実践者と研究者が互いに「学び返し」「教え返し」しながら続けてきたものです。正しくなかったことを認め、学び直していくということが、科学的であることも学びました。

私は、31年間、肢体不自由養護学校で、障害の重い子どもたちの教育に携わっていました。ですから、この本のテーマの自閉症の子どもたちの教育にかかわったことはありません。実践研究で、自閉症の人への教育実践を聞いたり、理論的な提起を聞いたりすることが新鮮でした。聞けば聞くほど、私の中ではっきりしてきたことは、障害の重い子どもたちも、自閉症の子どもたちも人間として同じねがいや悩みをもって生きているという当たり前のことでした。障害の重い子どもたちも、自閉症の子どもたちも、障害特性に私たちの目が奪われやすい子どもたちです。ですから、障害特性に応じた教育実践が優先されがちです。しかし、この研究会での実践報告は、障害特性に応じながらも、子どもたちの人間的なねがいや悩みに応える

文化との出会いを演出していくものでした。文化や集団との出会いの中で、子どもたちは自分を縛っているものと自ら闘い、葛藤していきました。そして、葛藤しながら、自らを解き放って「ヨコへの発達」を実現していく子どもたちの姿が、生きいきと報告されました。私は、ここに教育の共通性も感じました。理論的な提起も、人間発達の基本的な共通性に基づくものであり、教育論も教育の普遍性を背景とするものでした。

障害の重い子どもたちも、自閉症の子どもたちも、子どもたちのことを理解していくためには、人間に共通するねがいや悩みを深く掘り下げていくことが求められているのです。まさしく、「人間とは何か」を探る最前線に私たちはいるのです。最前線にいるのですから、困難はつきものです。しかし、私たちの仕事は、人間理解を深める歴史的使命を帯びているのです。

私は、教員生活の最後の7年間、重症児者病棟の訪問教育をしていました。人工呼吸器を付けている子どもたちのベッドサイドでの授業をしました。そのような中で、相模原障害者施設殺傷事件が起きました。ベッドサイドで授業をしていたので、この事件がとてもリアルに感じられました。驚きや怒りとともに、

教育の自由を求めて闘おう　9

その時感じたリアルさが今でも残っています。

その後の報道や論評では、優生思想が問われていました。能力主義的な生存競争の現代社会においては、障害の重い人たちは、人間としての価値が低いとみなされているということです。このような考え方は、間違っているのですが、能力主義的な生存競争の社会で生きていると、能力主義の思想にからめとられてしまいます。「手をつなぐ」2017年9月号（全国手をつなぐ育成会連合会）に、「津久井やまゆり園の事件から1年」を読んだ70歳代の女性（親）が、「私も『内なる優生思想』が頭をもたげますが、消すことはできなくても閉じ込めればいいのですね」と感想を寄せていました。

私たちに求められているのは、「内なる優生思想」に自覚的になることでしょう。私が勤めていた兵庫県の障害児学校在籍者は、5595人（2017年度）で、学校・分教室設置が進められたにもかかわらず、教室不足や過密による教育条件の悪化が深刻になっている地域があります。プレハブ校舎が運動場に建って、運動場での授業ができない状態や特別教室が普通教室に転用されて使えないのできめ細かい授業ができない状態になっています。通常学校では考えら

れない状況が、障害児学校では何年も続いているのです。「障害のある子どもたちの学校だからしかたない」という思いが、この差別的な状況をもたらしているのではないでしょうか。県の教育予算の貧困さが優生思想の侵入を許しているのです。

私たちは、教育目標・教育評価の実践研究を進める中で、自閉症の障害特性に応じる教育として、たとえば、「視覚優位の認知なので、話しかけると混乱する、だから、言葉かけをしないで黙動させている」という学校の状況を聞きました。学校見学に行った教員は「子どもも先生も黙っていて、静かに活動している様子は異様だった」と言っていました。障害特性に応じる指導だとしても、言葉かけもしないで、黙動させることは、教育と言えるのでしょうか。「教育の任務が、人間の尊さを打ち立てることにある」（宗像誠也『私の教育宣言』1958）のですから、障害特性に応じる指導であっても、人間の尊さを踏みにじるものであれば、教育とは言えません。通常教育では考えられないことが、「障害のある子どもたちだからしかたない」ということで、進められているのです。教育条件の劣悪さや人間観・障害観の貧困さが、教育実践に優生思想が入り込んでくるのを許しているのです。私たちの

中にある「内なる優生思想」の自覚がなければ、「障害特性に応じる」は「障害があるからしかたない」に転換しやすいのです。

　私は、退職後、介護職員初任者研修を受けています。週1回6時間で半年間続きます。久しぶりに学ぶ体験をしていて、楽しいです。研修を受けることで、介護の仕事について何も知らなかった、勝手なイメージをもっていたことに気づき、反省しました。

　介護の「介」は、その人に寄り添うこと、「護」はその人の人権を守ることであると教えてもらいました。介護を何か、お手伝いやお世話をすることというイメージで見ていたので、「教え返し」てもらい「学び返し」ました。そして、教育の営みと通じるところをたくさん発見しました。たとえば、認知症の人を、物忘れに対する不安や世話になることへの申し訳なさ、できなくなっていくことへの情けなさで悩んでいる人であるとらえています。そして、認知症の重症化を防ぐケアの実践では、徘徊について、「なぜ家に帰ると落ち着かなくなるのか」を「認知症の行動の背景にある意味を理解すること」や「引き起こす要因についての知識をもつこと」がなければ、根本的な解決策は見つからないと述べています。

徘徊の意味を考えながら、普段の体調を整えるケアとして脱水の予防、便秘の解消、低栄養の改善、低活動の改善を進めていきます。このようなケアを続けることで、症状がずいぶん改善されたことが報告されています。

　私が、特に印象に残ったところは、「生活歴についてですが、Kさんが昔、農業の合間に畑や肥溜めに用を足していた暮らしぶりを知ったとき、初めて、ごみ箱への放尿の意味がわかりました」（「実践事例集〜認知症は予防できる！改善できる！〜」平成22年3月岡山県美作県民局）というところです。認知症の人の「文化的に不適切な行動」への対症療法ではなく、その人にとっての行動の意味を生活歴から考え、ケアを実践していく姿に共感したのです。

　介護職員は、このようなケアを、毎日記録して、提出します。そこで求められるのは、客観的な記述です。グループワークで、記録を書く実習をしたのですが、私は、連絡帳や学校での記録を書くように、つい私の解釈や思いを書いてしまいました。「あなたの主観はいりません。あなたがどう思ったか、どう感じたかはいりません。客観的な事実を書いてください」と言われました。なるほど、記録は、客観的な事実が大切で、必要なのです。そう思いながら、一方

で、じゃあ評価はどうなんだろうと考えていました。広辞苑によると、「評価とは、善悪、美醜、優劣などの価値を判じ定めること」ということです。要するに、評価とは、価値判断することなのです。教育目標が、人間の価値の実現をめざすことの設定であれば、教育評価はその価値の実現を判断することです。それは、客観的な事実を基づきながら、「これは人間的に価値があることだ」と主観的に判断することになるのではないでしょうか。

　記録は客観性が必要ですが、教育評価は、判断する人の人間観・人生観などの価値観による主観的な価値判断がされていると思います。主観的であることが問題ではなく、どのような価値観をもっているかが問われるべきではないでしょうか。

　教育は、人間の価値にかかわる営みです。これを、教育的価値と呼ぶようです。堀尾輝久は「教育的価値は、真理的価値と方法的価値を二本柱とし、人間の成長・発達を促す価値だといえましょう」（『教育入門』岩波書店、1989）と述べています。もう少し詳しく言うと、「文化的価値はそのままでは教育的価値ではないといわねばなりません。文化的価値は、発達を促し、人格形成に役立つものであるかぎりにおいて、子ど

もにとって教育的意味をもつのです。文化が子どもとかかわるかかわり方、その時の存在形態を含んで、文化的価値は教育的価値としてとらえなおされるのです。伝達されるべき文化、教えられるべき内容は、主体としての子どもとのかかわり方を考慮して、教材として編成されます。だから教材は、文化的価値としての独自の体系性と子どもの発達の法則性とにもとづいて再編成されることによって、教育的価値を担うものだといえます。このことからまた、教育的価値とは、成長を促し、発達を統御するための方法と結びついた価値であり、人間形成のための『技術としての教育』とその方法的価値を含むものだということができます」ということになります。子どもの発達要求に応える文化が、教育的価値をもつということです。そして、教育内容や教材、そして教え方が、子どもの発達を促すものであるとき、教育的価値があると言えるということです。教育実践は、教育目標で設定する教育的価値の実現をめざすことであり、教育評価は、それらが教育的価値に値するものだったかを価値判断するものでしょう。ここでも、評価する人の価値観が問われています。教育目標・教育評価を論じるということは、人間の価値、文化的価値、教育的価値について論じると

いうことでもあるのです。

　ずいぶん前の話になりますが、養護学校に看護師が配置される前、医療的なケアの必要な子どもたちには保護者が付き添っていました。当初は、毎日が保護者参観日でしたが、次第に保護者も含めた授業になっていきました。そんな中で、「先生、それってどんな意味があるんですか？」と問われるようになりました。学校の教員がしていることですから、よくわからないが、何か特別な意味があるのではないかと思ったようです。私は、「意味ありません、一緒に遊んでいるだけです」と答えていました。保護者は、私の「意味ありません」の返事に、ちょっとした驚きの表情と安心したような表情をしていました。保護者は学校にずっといて、教育活動に参加することで、学校の堅苦しさ・息苦しさに違和感を覚えていたのだと思うのです。

　辻信一は高橋源一郎との対談（『弱さの思想　たそがれを抱きしめる』大月書店、2014）の中で、「『無駄』について、ぼくらはいつのまにか、結果の出ないものは全て無駄であって、やること、やったことに意味がないと思うようになってしまった。それってつまり、遊ばなくなってしまった、ということでしょ。遊びって、何か結果を出すためにやるわけじゃ

ない。だからこそ遊びは遊びなんだから。でも、日本の大人たちは子どもたちにもいつも言っている。『そんなことやってなんの意味があるんだ？』とか、『そんな意味のないことなんか止めなさい』とか」と語っています。保護者の感じていた学校の堅苦しさ・息苦しさは、「結果の出ないものは無駄」であり「意味のないことは止めなさい」という雰囲気だったのではないでしょうか。学校に遊ぶことも、それを許容する余裕もなくなっているのです。

　このことについて辻信一は、「遊びがなくなるということは、結果とプロセス、目的と手段、未来と今の関係そのものが変わってしまうということですね。『プロ』という接頭語がつく、現代のキーワードのことを前に話しましたが、たとえば語源的には『前に投げる』を意味する『プロジェクト』という言葉のように、結果や成果の方から今を規定する、前へとつんのめった思考や行動だけがよしとされ、それが強さの基準になって、そういう基準に合わないものは弱さとして分別され、振り落とされていく」「結果と切り離された時間が『無駄』と呼ばれるわけです」と述べています。そして、それは、現代の効率的な生産と消費のシステムの中で、いかに無駄を切り捨てるかという発想であると語っています。

教育の自由を求めて闘おう　13

学校の堅苦しさ・息苦しさは、「結果や成果の方から今を規定」し、「結果と切り離された時間」を「無駄」「意味ないもの」として排除しているからでしょう。これは、教育評価の方から教育目標を規定し、教育評価と切り離されたものを「無駄」「意味ないもの」として切り捨てている現状を示していると言えます。

子どもたちにとって学校は、学ぶ場だけでなく、生活の場です。教師の評価のまなざしから解放され、無駄なこと・意味のないことをし、遊ぶ自由があります。権利があります。教師にもそれに付き合う教育実践の自由があります。子どもも教師もこの自由を享受できていないのが学校の現実ですが、自由を求めて闘ってほしいと思うのです。

この闘いを励ますために、この本をつくりました。この本は、明日の授業のためには、即役立たないかもしれません。私たちは、すぐ役立つものは、すぐ役立たなくなるものであると考えています。もっと言えば、役立つか役立たないかで考えるべきではないと思っているのです。役立つか役立たないか・得するか損するかといった経済的な発想から自由になりたいと思っているのです（大変難しいですが）。

実践編を読むと感動します。心が洗われます。理論編を読むと頭がスッキリします。見通しがもてます。ここに私たちの実践・研究の到達点があります。どうか、この本を読んでいただいて、私たちに「教え返し」てください。私たちも「学び返し」続けていきたいと思っています。

総論

自閉症・発達障害教育と教育目標・教育評価

その論点と課題

奈良教育大学
越野 和之
Koshino Kazuyuki

はじめに

　2014年の夏に私たちは『障害のある子どもの教育目標・教育評価―重症児を中心に―』という本を刊行しました。この本は2012年から2013年にかけて行った共同研究を通して議論してきたことを、それぞれの著者の責任で文章化して出版したものです。

　同書の帯（本の表紙の半分ほどを覆うずいぶん大きな帯でした）には、「子どものことを楽しく話したい！」と大書され、その下には「『客観性』『測定可能性』『成果要求』を疑ってかかる」と記されていました。「教育目標・評価」というカタいタイトルの本なので、少しでも読者の目を引くようにと装幀を工夫していただいたのだと思いますが、この二つの惹句は、同書に込めた私たちの課題意識を端的に表したものでもありました。同書の「はじめに」において、三木裕和さんは次のように述べています。

　　教育目標を立て、それに基づく教育評価がなされる過程は、本来的に子ども、教職員、保護者を励ますもののはずです。それがなぜ、そうならないのか。「こんなことをしていて役に立つのか」という現場の声が広がるのはなぜか。（三木,2014a）

　先の惹句の通り、特別支援教育という新たな制度の発足と前後して、障害のある子どもたちの学校教育の現場においては、年間や各学期はもとより、一つひとつの授業や活動のレベルにおいても、「客観性」や「測定可能性」とい

う要請に耐えうる目標の設定を求める傾向が強められてきました。それは教育実践の「成果」を、「誰にでもわかる」かたちで明らかにすることを求める発想に基礎づけられているように見えました。そうした動向が教育の営みを強く拘束することで、一人ひとりの教師が、そして教師集団が、子どものこと、自らの実践のことを「楽しく語る」自由が奪われているのではないか。そうした状況は障害のある子どもたちの学校教育の営みを発展させていく上で、大きな制約を学校現場に課しているのではないか。

　前著の刊行に至る過程において共有された私たちの問題意識はここにありました。本書もまた、同様の問題意識に基づいて準備されたものです。本書の刊行にあたり、まずはじめに、前著での議論のいくつかの到達点を確認しておきましょう。

1. 障害児教育における　教育目標・教育評価の　諸問題——前著より

(1)目標の教育的価値をめぐって

　前著の冒頭におかれた論考において三木裕和さんは、実際にある学校で設定されていたものとして、「立位台での直立姿勢を10分間、嫌がらずに受ける

ことができる」という目標を例示しています(三木, 2014b)。そして、この目標が、「客観性」(誰が見ても確認できる)、「測定可能性」(たとえば「10分間」という数値で表示された目標)、「成果」(一定期間のとりくみによって達成可能であること)という三つの条件を満たすものであることを確認した上で、しかし「これが本当に教育目標となるのでしょうか」と疑問を呈しています。「直立姿勢」という行動上の目標を設定した上で、その持続時間を直線的に延ばしていくようなことに、一人ひとりの子どもの人間的な発達を促す営みとしての「教育」に必要な質が含まれているのか。「『嫌なときは、その感情を表出する』という目標の方が教育的価値があるとは言えないでしょうか」という三木さんの問いかけは胸に響きます。このような例示を経て、三木さんは次のように述べます。

　教育目標に「客観性」「測定可能性」「成果」だけが求められた場合、障害児教育においては教育目標の教育的価値が軽視、ないし無視される。

　それに対応して、学習結果の教育的価値にも疑義が生じる。教育的価値を伴わない教育目標と評価をもつことで、教育実践はその生命力を失う。

16　総論

教育実践を方向づけ、その妥当性やねうちを評価する際の指標となるはずの教育目標は、その目標のうちに、教育的な価値をもたなければなりません。「教育的な価値」というと難しく聞こえますが、言い換えれば、「設定された目標を達成することで、子どもの人間的な発達に確かに寄与することができる、というねうち」のことになるでしょうか。このように考えれば、教育目標が、そのうちに教育的な価値を含まなければならないということは至極当然のことであることがわかります。子どもの人間的な発達に寄与しない「教育」は、もはや教育ではないからです。しかし、今日の障害児教育の現場に持ち込まれ、その影響を強めている「客観性」「測定可能性」「成果」の要求は、教育目標を設定するプロセスから、「教育的に価値があるのか」という観点を奪っているのではないか、と三木さんは言います。

そして、そのような傾向が強められていくと、ある目標の達成に向けて子どもと教師が取り組んだ成果（学習結果）にも疑義が生じます。先の例で言えば、一定期間のとりくみをへて、当該の子どもが「立位台での直立姿勢を10分間」とれるようになったとして、ではそのことは、その子どもの日々の生活にとって、あるいはそうした生活の中で果たされていくその子自身の発達や自立にとって、どのような意味があるのかはっきりしない、ということです。学校教育の日々のとりくみがこのようなものばかりになってしまうとすれば、それはまさに三木さんの言うように、教育実践が「その生命力を失」ってしまっている、ということになるのではないでしょうか。

⑵教師の専門性の形成をめぐって

川地亜弥子さんはこの問題を、個々の教師、とりわけ若い教師が、どのようにして障害児教育に関わる専門性を形成し、高めていくのか、という問題とかかわらせて論じています（川地, 2014）。川地さんは、「感じる」「楽しむ」「味わう」などの感性的なことばで表現された目標が、「客観性」の要求のもとで障害児教育の現場から排除されがちな傾向について触れた上で、「客観的に測りにくい『楽しさ』『うれしさ』『心の動き』を感じること」は、実は「教師にとって重要な専門性」なのだと述べます。なぜそのように言えるのでしょうか。

川地さんは、紙芝居の読み聞かせのシーンを例に挙げ、そうした場面で、「子どもが昨日まではしていなかった発声、体のゆさぶりなどをした」場合を想定しています。そして、専門性のある教師であれば、子どもの示すそうした姿に対し

自閉症・発達障害教育と教育目標・教育評価　17

て、「うれしそうだな…、次に大好きな
お話が始まることがわかるようになって
きたのかな?」と意味づけ、子どもの姿
のうちに、ある意味では仮説的に、その
子の気持ちの変化や見通しの形成など
の兆しを読みとるというのです。

そして、そうした意味づけや読み取り
は、それに続く教師の行動を規定します。
子どもの発声や体の動きを上記のように
読みとった教師は、たとえば、子どもの
期待感をさらに高めるように、「お話楽
しみだね〜」と声をかけたり、あるいは
逆に、集中を途切れさせないように、あ
えて声をかけず、紙芝居の始まりを一緒
に待つなど、先に子どもの行動から読み
とった子どもの内面への理解(洞察)に
即した働きかけをするからです。

ところが、ベテランの教師が仮にそ
のように子どもの姿を読みとったとして
も、「客観性」を一面的に重視する傾向
のもとで、そのような「知や実践が価
値のあるものととらえ」られず、「他の
教師に広げていくこと」も抑制されるな
らば、とりわけ若い、経験の少ない教
師は、そうした子ども理解を自らのもの
とする機会を奪われ、子どもの発声や
動きの「意味」に思いを馳せる力(こ
の「力」は、子どもの行動をそのように
見るべきだという価値観と、具体的な
観察眼、子どもの内面の文脈をとらえ

る力などを構成要素とするでしょう)を、
自らのうちに形成する機会を奪われる
ことになります。

そうした教師は、同じ子どもの発声や
動きに対して、「なぜ静かに待てないん
だろう。話を聞く前は静かに待たせなく
ては」という理解に留まってしまうかも
しれないと川地さんは書いています。そ
して、そうした「理解」に立つ教師は、
そうした「理解」に基づく「指導」をす
ることになります。その「指導」は、子
どもの「うれしそう」「楽しみ」といっ
た内面に心を寄せることなく「静かに待
たせる」ことを追求する指導にならざる
を得ません。

子どもの行動の、その子にとっての
意味を吟味せず、「客観的な」善悪や社
会規範などにやみくもに従わせようとす
る「指導」と、時に間違うこと、読み
取りの誤りを生ずることがあったとして
も、子どもの内面に思いを馳せ、もろも
ろの行動の「その子にとっての意味」に
心を寄せて指導のあり方を吟味していく
指導との、いずれが専門性が高いとみ
るべきか。これについては、意見が分か
れることがあるかもしれません。しかし、
少なくとも当の子ども自身にとって、ど
ちらの先生と過ごすことが幸福かは明ら
かであるように思います。

⑶そもそも教育とはいかなる営みなのか

　もう一人、原田文孝さんの論考にも触れておきたいと思います。原田さんは、重症心身障害児と言われる子どもたち、また後には、養護学校義務制実施以前に義務教育年齢を超え、学校教育を受けることなく年齢を重ねてきた成人の方たちを前に、教育の名にふさわしい学校教育の内実を創り出すことに努力を重ねてきた教師の一人です。そうした自らの長年にわたる実践を振り返りつつ、原田さんは次のように述べています（原田, 2014）。

　　学校教育は、文化・芸術・科学のエッセンス（以下、文化）との出会いを演出することで、自ら能力を獲得し、人間性（人格）を豊かにしていくことを助ける営みです。文化と能力の並行的獲得が原理原則です。

　　文化とは、人間が自然とかかわり合いながら、人間同士がかかわり合いながら創り上げてきた、ものの見方、考え方、価値観、感じ方、生活様式であると考えています。重症児者は、その文化と出会う（参加する）ことで、その文化の感じ方（知覚）になっていく、すなわちその文化を享受していくと思っています。

　上の文章にみる「文化」の定義、ま

た「文化との出会いを演出する」、「文化を享受する」などの原田さんの表現には、最も障害の重いといわれる子どもたち、また同様の障害をもちながら長い人生を重ねてきた成人の方たちとの長年の努力の中で、繰り返し吟味され、研ぎ澄まされてきた「言葉の重み」があります。原田さんは、そうした人たち、かつては「教育不可能」と言われてきた人たちの教師として、そこに「教育」を成り立たせるために長年の努力を経て、上の引用のような言葉＝認識にたどり着いたのだと思います。そのような立場から見るとき、「授業で行動目標のみを設定する」ような発想では、それは「教育」としての固有性を保てないということになります。もう一文、原田さんの文章を紹介しましょう。

　　…授業で行動目標のみを設定することは、学校教育が医療の発想に近づき、治療化しているということです。絵本や歌を使って（手段にして）、重症児者の身体や感覚器官の機能を高めるという発想は、学校教育の発想ではないのです。絵本や歌という文化（教材）を享受することは、手段ではなく目的なのです。

＊＊＊

　以上、三木さん、川地さん、原田さんの文章を紹介しながら、前著に至る

自閉症・発達障害教育と教育目標・教育評価　19

共同研究を通して、私たちが共有し、確かめ合ってきた問題意識を振り返ってみました。改めてまとめれば、次のようなことになります。

1. 教育評価における「客観性」「測定可能性」などの一面的な強調は、教育目標設定における教育的な価値の追求を困難にし、障害児教育実践の発展を阻害する。
2. 「誰が見てもわかる」わけではない、子どもの微細な変化や個性的なサインに気づき、その教育的な意味を吟味できるところに、教師（集団）の固有の専門性がある。
3. 学校教育の固有の目的は、子どもと文化との出会いを演出し、子どもが文化を享受することを通して、能力と人格を個性的に発達させていくことを助けること。（目に見える）行動変容の追求だけでは、学校教育の固有の目的に迫り得ない。

　以上のような問題意識を共有しつつ、私たちは第二期の研究課題として、自閉症（自閉スペクトラム障害＝ASD）や、それに近接する発達障害の子どもたちの教育の問題に取り組むことになりました。

2. 自閉症・発達障害領域における教育目標・教育評価をめぐる問題

　「第二期の研究課題として」と書きましたが、これは、自閉症や発達障害の領域における問題が、当初私たちの念頭になかった、ということではありません。むしろ、近年の障害児教育における教育目標と教育評価をめぐる問題は、自閉症や発達障害の領域においてとりわけ顕著である、という認識は、第一期の共同研究を開始した時点から、私たちに共有される問題意識でした。しかし、それだけに、いきなりその問題に切り込むことは躊躇され、私たちの比較的なじみ深い領域としての重症心身障害児教育の領域から検討に着手した、という方が実態に近いと思われます。

　もちろん、重症心身障害児教育の領域における問題も、決して見過ごし得るものではありません。この領域の問題についての詳細な検討結果は前著を参照していただきたいのですが、思い切って結論を要約するならば、重症児領域において、とりわけ教育評価に関する問題の焦点は、「それは教師の主観でしょう？」ということばに象徴される問題だと言えるように思います。つまり、日々、重症児にかかわる教職員が見出す子ど

ものかすかな変化、あるいは「変化の兆し」とでも言うべきもの、それを教育実践の大切な成果として検討しようとすると、その「かすかな兆し」が、日々その子どもたちにかかわっているわけではない第三者には、必ずしも明瞭な変化として確認出来るとは限らないがゆえに、「そんなものは教師の主観に過ぎず、客観的な評価の指標にはならないのではないか」という疑義が呈される。重症児領域における教育目標と評価の問題は、ごく大ざっぱに言えばこのように要約しうると思うのです。

では、自閉症・発達障害領域においてはどうか。私たちは、少なくとも次の3点に、自閉症や発達障害のある子どもの教育をめぐる問題、とりわけ教育目標と教育評価にかかわる問題があると考えました。

⑴ 行動上の顕著な問題

前著において、私は、さまざまなレベルで設定しうる教育の目標を、〈（個々の子どもの）諸機能・諸能力と人格〉の系統と、〈生活・教育課程・教材・授業〉の系統の二つの系統に整理した上で、近年の障害児教育における教育目標設定をめぐる問題は、目標の設定や吟味のあり方が、前者に偏重し、後者の系統に位置づけられるべき目標群の検討

が等閑視される事態にあると述べました（越野, 2014）。そして、その一つの背景として、「個別の指導計画」の制度化からPDCAサイクルなどの強調を経て、目標の数値的記述の強要＝数値的に記述されない目標設定の否定へと連なる一連の政策的動向の存在を指摘した上で、次のように書きました。

しかし…（略）…、こうした傾向性の背景を政策的強要にのみ見出すのでは、事態の認識として不十分だと私は思う。そうした政策動向を受容し、下支えする傾向が障害児教育現場の中にも根強くあると感じるからである。／…（略）…上記の傾向を「受容し、下支えする傾向」はなぜ生じるのか。一つには障害をもちながら生きる人たちをとりまく社会環境の厳しさがあろう。「卒業までに○○の力をつけないと…」という学校教育に対する圧力は強く、「学校では豊かな文化との出会いを」というような議論は「甘い」「生ぬるい」等の批判を受けがちである。しかも、このことは、「卒業後」という継時的な発想のなかでのみ生じるのではない。障害のある子どもたちが時に示す「不適応」行動の激しさは、家族の生活・養育条件の脆弱さとあいまって、手っ取り早い行動変容のための取り組みを学校に求めることにもなる。

自閉症・発達障害教育と教育目標・教育評価　21

上の引用で言う「『不適応』行動の激しさ」という問題が、もっとも顕著に表れやすいのが、本書が主題とする自閉症などの障害をもつ子どもたちであることは論を待たないでしょう。いわゆる「強度行動障害」の状態に該当する場合を頂点として、相対的に重い知的障害を伴う自閉症の人たちは、時に自傷や他害、異食、飛び出しなどのいわゆる「問題行動」を示し、それは通常の社会生活と強いコンフリクトを生み出します。そうした子どもたちの状況に直面すると、私たちは、いわば反射的に「その行動を何とかしたい」と考えることになります。それは、時に「学校教育とはなにか」などという悠長な問いを一蹴するほどの切実さをもったものになります。

　他方、知的障害がないか、あるいはあっても軽い場合でも、自閉症やそれに近接する発達上の障害のある人たちには、しばしば顕著な行動上の問題が生じることがあります。これらの障害をもつとされる人たちは、高い言語運用能力をもつ場合でも、他者の信念や考えを推測することなどに苦手さをもつといわれます。そのことなどに由来して、他者の行動の背後にある意味や意図をうまく把握することができず、その結果、さまざまな「勘違い」や「行き違い」が生じ、被害意識をもったり、他者との関係に不安を抱いたりする場合があるからです。そうした困難に適切な援助がなされないと、時に他者に対する強い攻撃性が芽生えたり、反対に他者との関係から退却したりする姿が生じます。これらは、自閉症などの中核的な障害から不可避的に生じる現象というよりも、子ども期から青年期に至る生育の過程における貧しさによって増幅される面が強いようにも思われますが、ともあれ、厳しい不適応を生ずる場合があることは無視できない事実でしょう。

　なお、これらの問題は、相対的に重い知的障害をもつ場合の行動上の問題も、そうでない場合のそれも、同じく「自閉症・発達障害のある人たちの行動問題」として一括される傾向が強いように思いますが、この点については慎重に検討だと思われます。もちろん、「感覚過敏」と言われる問題など、障害に由来する共通の特徴の影響を視野に入れることは必要ですが、そうしたこととあわせて、子どもの直面するさまざまな困難が、行動上の問題に帰結するに至る機制（メカニズム）は、それぞれの子どもの発達的な特性によっても左右されると考えられるからです。行動問題と言われる現象が生じるこうしたメカニズムの吟味は、まだ十分になされているとは言い難いのが現状です。

この点についての突っ込んだ論究は、本書の第2分冊に譲ることにして、ここでは、こうした問題が顕著になればなるほど、教育の目標は具体的な行動変容の課題に圧倒され、「豊かな文化との出会いを」などという言説は、子どもと家族の切実な課題に対するリアリティを欠くものとして退けられることになりがちであることを確認しておきたいと思います。

⑵「障害特性」論的アプローチ

二つ目の問題は「障害特性」論的なアプローチの問題です。自閉症という障害ほど、いわゆる「障害特性」の問題が強調される障害はほかにないと思います。それほどに、自閉症と言われる人たちの行動様式や、その背後にあると仮説される認知上の特性がユニークで、多くの人にとって理解しにくいものだ、ということでしょうか。赤木和重さんは、自閉症の子どもたちの教育について検討した論文（赤木, 2008）の中で、こうした状況を『『障害特性に応じた教育』の隆盛」と特徴づけ、その意義と課題を論じています。

赤木さんは、「障害特性に応じた教育」の基本的な意義として、「それまでにはみられなかった自閉症の特性にあわせた教育方法・教育技術」、具体的に

は「TEACCHプログラムの教育方法に代表される視覚的支援や構造化」などを開発し、この教育の分野における「教育方法・教育技術に新たな展開を与えた」という点を確認しつつ、①「自閉症の障害特性は変化するのか」、②「なんのために自閉症の障害特性に応じた教育を行うのか」という二つの論点から、「障害特性に応じた教育」の分岐の可能性を検討しています。①には、自閉症の障害特性と言われるものを「固定的なもの」とみるのか、「生活年齢や発達年齢に応じて変化しうる」ものとみるのかという点に、また②には「環境調整を重視し、さまざまな社会生活の場面で良好な適応を目指す」のか、「子どものもつ障害特性を改善していく」ことを志向するのかという点に理論的な分岐が生じます。①の「障害特性を固定的なものとみる」立場と②の「環境調整による社会適応重視」が結びつきやすいことは容易に見てとれるでしょう。障害特性を不変なものとみれば、その「改善」などは論じるべきことでなく、求められるのは環境の調整による適応だ、ということにならざるを得ないからです。

このように整理した上で、赤木さんは「自閉症の障害特性を固定的にとらえ、環境調整を支援の軸にする」発想の問題点を指摘します。そうした発想に立つ

自閉症・発達障害教育と教育目標・教育評価　23

指導・支援は、それがていねいに行われるほど「障害特性をより強め」、「障害を固定化していく可能性」があるのではないかというのです。

赤木さんがこの論文で例示しているのは、表象能力の発達の困難を障害特性と見る立場から導入される視覚的支援（ある行動の手順を教えるのに写真や絵カードを用いることなど）ですが、同じように、自閉症の障害特性の一つとされることも多い「社会性の障害」に関わって、私はある「専門家」が講演で次のようなことを語るのを聞いたことがあります。

曰く「自閉症の子どもに『あなたの友だちはＡちゃんだから、手をつなぐ時はＡちゃんと手をつなぐんだよ』と教えることはできるが、友だちを大切に思う気持ちを育てることはできない」というのです。

急いで反論しますが、自閉症といわれる子どもたちにも〈友だちを大切に思う気持ち〉は確かに育ちます。このことを確信する私は、先の講演を聴いて非常に不愉快な気持ちになりましたが、しかし、少なくない聴衆が頷きながら聴いていたのも事実です。「障害特性」についてのこのような理解が、赤木さんの言うように「固定的なもの」とみられ、それゆえに、その困難を改善することは追

求されずに（それを追求しようとすることは、ある場合には「障害特性」への無理解＝専門性の欠如とされかねません）、その困難を前提にした「社会適応」のみが追求されるとしたら…。しかし、これは単なる仮説的な想定ではなく、今日の日本における自閉症教育の一つの大きな潮流になっているように思われます。

⑶「やれば（時に）できてしまう」こと

自閉症の子どもたちの教育に特有の問題の三つ目として「やれば（時に）できてしまう」ということをあげました。この点については、三木裕和さんが大変わかりやすい例で説明しているので、そのまま紹介しましょう。三木さんは、ご自身が重症心身障害児の担任を長く勤められた後、自閉症の子どもを担当した経験に触れて、次のように述べています（三木, 2008）。

重症心身障害児の場合、運動会練習に少々遅れて参加しても、誰もそれを責めたりはしません。むしろどこか具合でも悪かったのかと心配したり、日陰の涼しい場所を勧めてくれたりします。ところが、自閉症の子どもを担任してはじめて知ったのですが、時間に遅れてのこの参加すると、周りの目があまり共感的で

はないのです。「なぜ遅れたの？もっと早く来られたはずでしょう」という非難の視線…。これにはびっくりしました。

　三木さんは重症児との比較で「びっくりした」と述べていますが、自閉症の子どもの場合には、上の引用にあるような対応は、決してめずらしいものではないようにも思います。三木さんは、自閉症の子どもの問題の多くが「行動の問題」としてあらわれることを述べた上で、「運動場に行かない」という行動をとりあげて次のように述べます。

　人間の行動決定は多様な要因で成り立っています。…（略）…「運動場に行かない」という行動も、ピストルの音が怖いという理由だけでなく、誰にもそれを分かってもらえない不安が怖さを増幅していたり、前回がまんして参加して、やっぱりひどい目にあったというマイナス経験が頭の中を駆けめぐっていたり、いざ出かけようとした瞬間に大好きなおもちゃを見つけてしまったというアクシデントがあったり…。そんなことが渾然一体となって「運動場に行かない」という行動を導いています。だから、大好きな○○先生が誘ってくれるという別のファクターが働けば、じゃあ行ってみるか、という行動も生まれてしまうのです。／そして、それを見た大人は「な

あんだ。行こうと思えば、行けるんじゃないか」と思い、この子たちの行動や人格に対して「わがまま」という表現が喉元まででかかるのです。重症心身障害児が発熱のために運動会練習に参加できない場合、それを誰も「わがまま」とは言わないのに、自閉症児の場合はそう言われてしまう。

　余計な説明はいらないかもしれません。同じ「運動会練習に参加できない」という場面でも、重症児なら誰もそれを「わがまま」とは言わないのに、自閉症児の場合はそう言われてしまう。その背景には、自閉症のある子どもたちの示す、日常生活上での困難の多くが「行動の問題」であること、それゆえに一定の可変性をもっており、「やれば（時として）できてしまう」ということがあるのだと三木さんはいうのです。ある子どもが(障害ゆえに)「どうしてもできないこと」について、それを無理やりさせようとするのは、虐待とも言うべき人権侵害です。このことは、障害児教育の分野で働く多くの教師にとって常識といってよい認識でしょう。他方、その行動が望ましい行動だとして、それが仮に「やればできる」ものだとすれば、それをさせないのは指導の放棄ではないか。こうした葛藤が、自閉症教育を難しくし、教育現場に深刻な葛藤をもたらしている、そのような

自閉症・発達障害教育と教育目標・教育評価　25

ことがあるのではないでしょうか。

3. 自閉症・発達障害だけの 問題なのか

　自閉症や発達障害の子どもたちの教育をめぐる問題として、三つのことを取り上げました。これらのことは、さしあたり、自閉症や発達障害の子どもたちの教育の問題を考える中で浮上してきた問題なのですが、しかし改めて考えると、自閉症や発達障害だけに固有の問題なのだろうか、とも思えてきます。こうしたことが問題になる、より大きな文脈があるように思われるからです。たとえば次のような問題です。

⑴要素主義的行動変容型指導とその背景

　木下孝司さんは、近年の「障害特性に応じた教育」の背後に、「子どもの能力や特性を心身の機能ごとにバラバラにとらえる」人間観（＝人間の「要素主義的理解」）と、「機能ごとに障害や困難の査定を行い、目に見える成果や結果、すなわち（「問題行動」の消失も含めた）行動変容を短期間に求める傾向」を見出し、こうした傾向をもつ教育指導を「要素主義的行動変容型指導」と命名しています（木下, 2011）。
　こうした傾向の一つの問題は、教育の

「内実において、総体としての人格の形成を目指す教育的視点」が欠落することだと木下さんは指摘しますが、一方で、これは障害のある場合の教育に限定されたものではなく、本来、「他者との出会いや周りの諸条件とかかわり合いながら発揮されるもの」であるはずの人間の「力」を、「個体内の実体と見なして、個人ごとの処遇や利益配分を正当化」する指標とみなすような、「新自由主義的な社会システム」の人間観と通底するものだとも言います。
　このように述べた上で木下さんは、「要素主義的行動変容型指導」は、子どもの心理機能とその障害についての、ある心理学的な仮説と強い親和性をもつと言います。それが「心理機能の生得的モジュール説」です。木下さんは次のように書いています。

　問題となるのは、心理機能を専用の処理単位に細分化したモジュールに分け、脳の部位と対応させて生得的に備わったものとして仮定する傾向が強まっていることである。この生得的モジュール説は、…（略）…子どもの発達における障害の問題を、ある特定モジュールの機能障害ないしは欠損とみなすことになる…（略）…。こうした認識を（暗黙の）前提とするならば、…（略）…障害特性

は固定的で不変のものという認識に立つのは自然な流れであろう。そして、指導は、障害特性に由来する生活や学習上の困難を環境調整によって補償するか、ある種の対処方略を学習によって徐々に習得させるかという方向に向かうものと思われる。

要素主義的行動変容型指導は、一方で今日の社会システムに基礎をもちつつ、他方ではこのような人間に対する理解を背景として成立しているというのです。こうした「生得的モジュール説」の影響と向き合う上で大切なことは、「発達と障害の相互関係を理論的ないしは実践的に想定できるかどうか」、すなわち「発達を制約する要因をもちながらも、自己の行動や認知のシステムを自ら変化させていくプロセスを想定できるかどうか」だと木下さんは書いています。このことについては後に立ち返るとして、ここでは、自閉症や発達障害の場合に即して取り出してきた問題、とりわけ、「障害特性」を固定的なものとしてみる見方と、その教育指導観への帰結が、より広く「生得的モジュール説」と言われる人間理解と、そのもとでの障害観に基礎をもっているということを確認しておきたいと思います。つまりこれは、自閉症などに固有の問題なのでなく、心理

学領域における今日の人間観、能力観の一潮流と深く結びついているのです。あわせて、木下さんが要素主義的行動変容型指導のもう一つの問題点として、「『なんのために』ある能力を獲得させようとするのかという問いの欠落」を指摘していることにも注意を促しておきたいと思います。

⑵構造改革時代の労働世界と人間関係取り持ち「能力」

木下さんの言う「新自由主義的な社会システム」の問題を、一層具体的に検討したものに、中西新太郎さんの論考があります（中西, 2009）。

中西さんは「構造改革時代の労働世界においては、人間関係が働きやすさを決する重要度を帯びている」と述べます。なぜならば、構造改革の時代にあっては、第一に雇用形態の大規模な多様化が推し進められ、正規雇用と非正規雇用の区分をはじめとする「雇用形態の異なる労働者が集まる構造改革時代の職場」が普遍化するからです。こうした職場では、労働者の立場の違いに由来する「種々の対立と葛藤を孕んだ状況をうまく切り抜けながら働く」ことが、従来以上に強く求められることになります。

また第二に「極端に人員が絞り込ま

自閉症・発達障害教育と教育目標・教育評価　27

れ、正規、非正規にかかわらず過重労働に追い込まれる構造改革職場」では、「テンションを上げることによってその場を乗り切る『才覚』」や、「各人が仕事のペースや段取り、役回り等々に『ついてくる』」こと、「足を引っ張らない『才覚』」などが求められることにもなります。こうした職場では、「単にしごと能力の多寡だけではなく、『職場秩序』に不可欠と見なされる人間関係取り持ちの『能力』」こそが、評価の対象になるというのです。

　中西さんは、近年の労働環境についてのこのような特徴づけから、次のように記しています。

　コミュニケーション・スキルの獲得を労働能力陶冶の一焦点に据える近年の動向は、したがって、構造改革時代の働き方に労働者を馴致する支配イデオロギーとしてある。これを支配イデオロギーであるというのは、上記の「才覚」をもたない労働者に対し、「不器用で人づきあいが下手」な人間という評価が下され、その存在自体が「職場秩序」への障害と見なされ攻撃と排除の対象になるからである。

　場違いとも思われる引用で戸惑われた読者もあるかもしれませんが、しかし、上の中西さんの、近年の労働環境につ

いての分析は、私たちの職場の状況にも強くあてはまるように思われます。若い読者には、勤めはじめた時からの「所与の環境」であるかもしれませんが、しかし、近年の労働環境は、職場の雇用形態の多様化によっても、全体としての労働の過重化によっても、従来以上に人間関係の細やかな調整、その中で「空気を読んで」働く力を私たちに求めていると中西さんは言うのです。そして、そのような「空気」になじみにくいと見なされた人は、「職場秩序」の妨害者として、攻撃と排除の対象にされる、とも。

　いかがでしょうか。私はここから二つのことを仮説的に主張してみたいと思います。その一つは、誰にとっても「働きづらい、生きにくい」と感じられるような今日の社会状況があり、その矛盾が、自閉症・発達障害の人たちの教育や支援の問題に集中的に現れているのではないか、ということ、もう一つは、教育現場においても、このような「働きづらく、生きにくい」状況がひろがっているとすれば、それは、自閉症や発達障害の人たちに集中的にあらわれる困難と、その背後にある社会の矛盾に気づき、そのおかしさを共有していく課題にとって大きな制約にもなっているのではないか、ということです。こうしたことが、自閉症や発達障害のある子どもた

ちの内面に心を寄せ、その人間的なねがいに気づくための集団的なとりくみの発展を抑制し、逆に、「障害特性」を固定的なものととらえ、それを前提とした「行動変容型」の指導が幅をきかせることを許しているということはないでしょうか。

「場違い」ついでにもう一つ。次の文章は、今日の保育現場の一端を表したものです（小林, 2015。なお越野, 2015も参照）。

…親と別れて泣いている子どもが放置され、あやしてももらえないでいる。食事の時にはただの流れ作業のように「はい、はい」と、口いっぱいにご飯を詰め込まれ、時間内に食べ終わるのが至上主義のように「早く食べて」と睨まれる。楽しいはずの公園に出かける時は「早く、早く」と急かされる。室内で遊んでいても、「そっちに行かないで」と柵の中で囲われ、狭いところでしか遊ばせてもらえない。「背中ぺったん」「壁にぺったん」と、聞こえは可愛いが、まるで軍隊のように規律に従わされる子どもたち。いつしか、表情は乏しくなり、大人から注意を受けたと思うと、機械的に「ごめんなさい」と口にするようになっていく―。

こうした「保育」の背景には、保育民営化の下での保育士の慢性的な不足と、非正規雇用の増大を基調とする雇用形態の多様化、保育「業界」全体を覆う労働強化があります。障害児教育の現場にも同様の傾向がないか、また、放課後等デイサービスや卒業後の就労支援など、障害児者福祉の現場における類似した傾向が、学校教育にも作用しているということがありはしないか、しっかりと考えてみなければならない問題がここにもあります。

4. どう向き合うか

では、このような社会全体の動向、その中での障害児教育、障害児者福祉の動向に、私たちはどう向き合ったらよいでしょうか。前著によせた論考の中で、木澤愛子さんは次のように書いていました（木澤, 2014）。

教師と子どもとの関係の中で、感じ取り、つかみとっていく、チェックリストでは見つけられない、見えないもの、数値化できないものの中にある価値を感じながらもそのことをうまく伝えられずにいる自分が、悔しくて悔しくてたまりません。しかしこれは現場の教師の多くが感じていることなのではないでしょうか。／だからこそ、たどたどしい実践でも、当たり前のことでしょ、

自閉症・発達障害教育と教育目標・教育評価　29

と言われそうなエピソードも、一つ一つ
自分なりのことばで伝えていくことか
ら始めようと思ったのです。

　私たちは、障害のある子どもたち一
人ひとりの内面を見つめ、その人間的
なねがいに応えていくような教育を、
さまざまな制約の下でもしっかりと位置づ
け、その意味やねうちをしっかりと社会
的に主張できるような理論を構築した
いと願ってきました。そして、そのため
に、自閉症や発達障害をもつ子ども・青
年たちとの教育実践の努力の下で生み
出された、子ども・青年たちの、文化と
出会い、文化を享受していく姿を記述
した実践記録をもとに、そこに生み出さ
れている教育的な価値と発達の事実を、
集団的に吟味し合っていくとりくみを通
して、木下さんの言う「発達を制約する
要因をもちながらも、自己の行動や認知
のシステムを自ら変化させていくプロセ
ス」を把握・評価しうる概念・枠組み
を創り出したいと考えました。本書はそ
うした実践的・理論的な研究活動の現
時点でのまとめにあたります。多くの読
者からの批判的吟味をお待ちします。

【文献】

赤木和重（2008）「自閉症における「障害特
　　性に応じた教育」再考」『障害者問題研究』
　　36-3，2008
原田文孝（2014）「恋愛を学ぶことは教育目
　　標になるのか」三木裕和・越野和之・障害
　　児教育の教育目標・教育評価研究会『障害
　　のある子どもの教育目標・教育評価―重症
　　児を中心に』クリエイツかもがわ、2014
川地亜弥子（2014）「子どもと教師のダイナミッ
　　クな発達を促す教育評価とは」三木・越野
　　前掲書
木澤愛子（2014）「心が動き出す時　ハグタ
　　イム」三木・越野前掲書
木下孝司（2011）「障害児の指導を発達論か
　　ら問い直す」『障害者問題研究』39-2,2011
小林美希（2015）『ルポ保育崩壊』岩波新書、
　　2015
越野和之（2014）「障害児教育における教育
　　目標および教育評価に関する検討課題」三
　　木・越野前掲書
越野和之（2015）「教育実践の市場化・商品
　　化の動向と教育実践研究の課題」『障害者
　　問題研究』43-3,2015
三木裕和（2008）『人間を大切にするしごと
　　―特別支援教育時代の教師・子ども論』全
　　障研出版部
三木裕和（2014a）「まえがき」三木・越野前
　　掲書
三木裕和（2014b）「障害児教育における教育
　　目標・教育評価の現状と課題」三木・越野
　　前掲書
中西新太郎（2009）「漂流者から航海者へ」
　　中西新太郎・高山智樹編著『ノンエリート
　　青年の社会空間―働くこと、生きること、「大
　　人になる」ということ 』大月書店、2009

実践

性教育の授業でこころを開く

高等部3年間を振り返って

山口県立萩総合支援学校
岡野 さえ子
Okano Saeko

1. こころを開く

「とにかく高等部の3年間は、ハジけさせんにゃいけんのだ！」これは、本校高等部の長老ともいうべき先輩教師が、つねづね口にしていた言葉です。私は、高等部で3年間、子どもたちとともに生活する中で、まさに子どもたちが「ハジけている」という実感を噛みしめていました。言い換えれば、「こころを開き、青春を謳歌している」ということでしょうか。そのささえとなったのは、3年間を見通して取り組んだ性教育の授業です。

2. 主人公の14人

この実践の主人公となるのは、男子8人、女子6人、計14人（本校中学部から7人、地域の中学校から7人）の生徒です。

高等部1年は中学部の卒業生と近隣の中学校からの進学者との出会いで混乱状態になりがちです。この14人も入学当初は、友だち同士ぶつかり合うことばかりでした。

中学校から進学してきた発達段階4、5歳の子どもたちはどの子も年少の子や障害の重い子に余計なお世話を焼きたがります。もっと軽度の子どもたちも、女の子は、ちょっとしたことですぐに泣いたり怒ったり、悪気はないのにお互い言葉で傷つけあうこともしばしばでした。みんな、周りの人のことがとても気になっていて視線や言動に敏感ですが、自分自身に向き合うのは難しいのです。この子たちは、中学までどんな生活をし

ていたのでしょうか。常にお世話され、できないことの積み重ねで傷ついてきた子、いじめや不登校を経験した子……。いわゆる自己肯定感がもてないできた子どもたちです。

一方、本校中学部から進学してきた子たちの多くは、中学校からきた女の子たちの積極的なかかわりに対して、新鮮でうれしい反面、時に戸惑い、行動が落ち着かなくなり他害行為に走ってしまうこともありました。

3. 恋する高校生

自閉症のサト君は、ミキちゃんにスーっと近づき顔を見つめながら首筋にそっと触り「何ですか？」「冷い！」と言うのがお決まりの行動でした。最初のアプローチで、ミキちゃんから返ってきた「何ですか？」「冷い！」の言葉を期待しているのでした。その表情は、ちょっぴり頬を赤らめポーっとしていて、まさに花も恥じらう高校生なのです。

障害の重い子でも、高校生ともなれば恋愛感情をもち、それは時として性的な行動として現されます。ましてや、障害の軽い子どもたちともなれば、話題の中心は恋愛のこと。性に関する悩みや課題も多岐にわたります。教師間でよく話題になっていたのも、男女の距離感

や身体接触、自慰、恋の話、携帯電話をめぐる問題等でした。こうした実態から、私は、早い段階から性教育に取り組むことで、性に関して正しい知識をもち、悩んだり困ったりしたときに相談できる人間関係をつくっておく必要性があると考えました。性の問題を発達の姿と大らかに受け止めてくれる大人がいることを子どもたちに知ってほしいという思いもありました。

4. 3年間を見通した
性教育の開始

そこで3年間を見通した取り組みとして、学年全員一緒に性教育の授業を行うことにしました。グループ別やクラス単位ではなくあえて全員一緒に取り組むことにしたのは、同じ学年としての仲間意識を育てたいと思ったからです。一人ひとりが、仲間の中でその存在自体を認められることで自己肯定感が育まれるのではないか、とも思いました。また、まだ性について語ることに照れの少ない発達段階の子どもたちを中核に据えて授業を行うことでオープンに語れる雰囲気ができることを期待していました。

高等部3年間の取組内容

学年	ねらい	内容	時数
1年	・思春期の体の変化や男女の違いについて理解し、「みんな同じ」や「人によって違う」部分を知ることで、二次性徴を肯定的に受け止めることができる。 ・生命の誕生についての知識を深めるとともに、命の大切さを感じる。 ・性に関してオープンに語る中で、自分や周囲の人に対する認識を深め、豊かで思いやりのある対人関係の力を育む	からだの名称を知ろう、おとこのこ おんなのこ	2
		命の始まり	1
		生命の誕生	2
		大人の体になったら（射精）	1
		大人の体になったら（月経）	1
		いいタッチ悪いタッチ	1
2年	・社交ダンスの取り組みを通して、異性との豊かなかかわり方を学ぶとともに、相手を思いやる気持ちを育てる。 ・本番を目指して仲間と意見を交わし協力し合いながら、よりよいステージ発表を創り上げていくことができる。	Shall We Dance?　導入（いいタッチ悪いタッチ、社交ダンスのマナー、模範演技）	2
		Shall We Dance?　パートナー選び	2
		Shall We Dance?　登場ポーズの練習、寸劇、ダンスの練習	10
		Shall We Dance?　ステージ通し練習	10
	・赤ちゃんについて関心をもち、成長について知るとともに、周囲の人が愛情をもって大切に育てていることを知る。	赤ちゃんの成長	1
	・赤ちゃんの欲求や感情表現について理解するとともに、かかわり方を考え、実際にやさしくあやす体験をする。	赤ちゃんはどうして泣くの？	1
3年	・自分の体を知り、大切にするとともに、心地よさを肯定することで、心の安定を図る。 ・生殖の性、ふれあいの性について正しい理解をするとともに、恋愛や性行動について考え合い、思いやりと責任感をもったかかわりの大切さを知る。 ・大人のたしなみとしての、身だしなみやおしゃれについて知る。 ・自分の生い立ちを振り返り自分自身を認めるとともに、将来について考えることで夢や希望をもって前向きに生きていこうとする気持ちをもつ。	自分の体を知ろう（体の清潔・プライベートゾーン）	1
		自分の体を知ろう（体の清潔・性衝動・自慰）　※男女別	1
		セクハラ・パワハラ、デートDV、性交、避妊	3
		マッサージでリラックス　※グループ別	
		身だしなみ、おしゃれ（スキンケア）	1
		身だしなみ、おしゃれ（女子：メイク）	2
		身だしなみ、おしゃれ（男子：コーディネート）　※男女別	
		自分史作り	2
		ようこそ先輩	1
		自分史発表　※発表は参観日	3

【番外編】　3年　自立のための男合宿（夏休み、一部男子の宿泊課外授業）
　　　　　　文化祭の劇「維新14〜夢からの一歩〜」（主役オーディション、城下町ロケ）

性教育の授業でこころを開く　33

5.1年目の実践
科学的で基本的な学び

　性教育は、小学部、中学部と継続して取り組んでいましたが、地域の中学校からの子どもたちについては、性に関してどの程度学んできたか把握できないため、1年目は、科学的で基本的な内容を中心に行いました。できるだけ具体的な教材を使い、体験活動を織り交ぜながら行いました。

　授業の中では、驚いた顔、真剣な顔、はにかんだ笑顔等、子どもたちは様々な表情を見せてくれました。しかし私は、授業そのものが子どもたちにダイレクトに与えた変化よりも、授業づくりを通して教師自身の子どもに向き合う姿勢に与えた変化のほうが大きかったと感じています。「子どもたちがどこまでわかっているかがわかっている」「授業できちんと教えている」という確信があれば、いたずらに心配したり禁止したりする必要はないからです。男女の接近も余裕をもって見守ることができます。　大人が大らかであることで、子どもたちもまた、恋の話も隠さず気軽に話してくれる素直さを失うことはありませんでした。そして、性教育の実践も含めた1年間の取り組みの中で、子どもたちは様々な葛藤を乗り越え、次第に学年集団として

育っていきました。

6.2年目は
「Shall We Dance ？」
人とのかかわり

　1年次に学習したことを土台としながら、人とのふれあいの中で自己を解放しつつ、対人関係の力をさらに育んでいけるものにしたいと考え、「Shall We Dance ？」に取り組むことにしました。社交ダンスは、「異性とかかわりをもちたい」という青年らしい要求に応えるものであり、相手のことを思いやりながら楽しくかかわることのできる文化です。異性とのかかわりに関する指導というと、ともすれば、「触ってはいけません」とか、「触らせてはいけません」等、禁止に終始してしまいがちですが、社交ダンスは、こうした異性との距離感について直接かかわりながら自然に学ぶことのできる教材にもなります。また、その取り組みを文化祭のステージ発表につなげることで、同じ目標をもった仲間としてのまとまりをさらに強くするねらいがありました。

7.「Shall We Dance ？」
授業展開

導入、模範演技［1回2時間］
　導入では、「いいタッチわるいタッチ」

として、身体接触場面のロールプレイを見ながら○か×かをみんなで考えました。ここで大切にしたことは、「～は○」「～は×」と教師が結論づけないことです。いろいろな意見が出る中で、自分がいいと思うことでも嫌だと思う人がいること、相手や周囲の気持ちを考えるとなかなか異性に対するタッチはできないことに気づかせることがねらいです。

次に、異性と堂々と手をつなげる文化として社交ダンスを紹介し、自分たちもやってみたいと思えるように導きます。

初めに映画「レッスン」（DVD）を見せます。荒れた高校生が社交ダンスで変わっていく映画は、すっかり子どもたちを酔わせました。さらに、教師が扮するプロダンサー？の模範演技で子どもたちを十分その気にさせます。

次は社交ダンスのマナー。身だしなみ、清潔、男女の組み方、礼儀、相手に合わせること等、社交ダンスのマナーには、普段から子どもたちに学習させたい内容がたくさん含まれています。

最後に、次回学習、パートナー決めの通告。それまでに踊りたい相手を考えておくように伝えました。

パートナー選び［1回2時間］

テレビのバラエティ番組でよく見られるカップリングパーティの告白シーンのように、男子から自分の踊りたい相手に「踊ってください」と告白し、女子に選んでもらいます。全員パートナーが決まるまで繰り返します。ただし、踊りたい相手から告白されなかった女子は、逆指名もできます。

全部のペアが決まったところで、ペアごとにインタビューを受け、感想、決意を発表します。

本番のステージにむけて…寸劇、登場ポーズ、ダンスの練習［6回10時間］

本番ステージは、寸劇（VTR）、登場ポーズ、ダンスで構成されます。

寸劇（VTR）……性教育の授業の教師の模範演技を観て「自分たちも社交ダンスをやってみよう！」と決意するまでの様子を寸劇にしてVTRに撮影しました。

登場ポーズ……それぞれのペアの登場ポーズをペアごとに考えて決めます。

このあとは、ひたすらダンスステップの練習に入ります。

ステージ通し練習［6回10時間］

ある程度ダンスを覚えたら、ステージで本番通りの練習に入ります。練習の様子は毎回VTRに撮って振り返り、演技を修正します。さらに、本番1週間前から早々と衣装（ドレス、スーツ）を着

て本番並みの練習を重ねました。

8. パートナー選びの悲喜こもごも

導入の授業からパートナー選びの日までは3日間ありました。その間に、子どもたちのわくわくドキドキがどんどん高まっていきます。「誰とペアになりたいですか？」とインタビューされて恥ずかしそうに逃げ出す女の子、誰にしようか決めかねている子等々。子どもも教師もパートナー選びの話題でもちきりです。

教師の私たちは、子どもたちの反応が楽しみでもありましたが、心配でもありました。「意中の相手とペアになれなくて学校を休むのではないかな」「誰にも選んでもらえない子には教師がペアになるしかないよね」等々、いろいろなケースを想定しながら万全の対策を考えていました。パートナー選びが子ども同士のトラブルの原因になってしまうようなことは、本意ではなかったからです。

しかし、その心配は杞憂に終わりました。男の子たちは、フラれてもフラれてもあきらめず、次の相手に告白をしました。最後までフラれ続けた男の子は、大好きな先生をペアに選ぶことができて満面の笑いになりました。「ごめんね」と

ペア決め

フッた男の子に謝っている女の子の姿も見られました。

これほどまでに盛り上がるとは……というほど、子どもたちのわくわくドキドキが伝わってくる授業でした。その中には、仲間のことを思いやる姿や、自分の思いが通らなくても折り合いをつけてパートナーを決めようとする姿がありました。子どもたちは私たちが考えているよりもいろいろな意味で"大人だった"のです。

9. ふれあい文化がもたらした安心感と本物の成功体験

この実践による何よりも大きな変化は、子どもたちの情緒が安定したことです。社交ダンスの取り組みで、安心できる形でのスキンシップが保障されたからではないでしょうか。

友だち関係で悩むことがあっても、以前のようにいつまでも引きずることは少

なくなりました。気持ちの切り替えは確実に早くなっています。ずっとリストカットを繰り返していた女の子も、この授業で大好きな彼とペアを組んで以来、リストカットをピタリとやめてしまいました。それは、私たち教師には驚きの事実でした。

そして、学年集団全体に穏やかな雰囲気が生まれることで、不安定な子も安心できるようになっていきました。破壊的な行動障害があり中3のころから長期の入退院を繰り返していた発達障害の男の子は、この年の文化祭で初めてキレずに本番を迎えられたのです。彼は、毎年文化祭が近づくと、極度の緊張から決まって大荒れになっていました。本番の発表を成功させても自信にはつながらなかったのです。しかし、この年、やっと本物の成功体験となりました。仲間の中でともに汗を流し、認め、認められる経験の中で、彼は一つ大きな壁を乗り越えることができたのだと思います。

こうして、子どもたちはのびのびと豊かに人とかかわり、表現できるようになっていきました。性に関する話題や疑問もオープンに語り、時には教師がたじろぐような質問を投げかけてくることもありました。

10. 3年目の実践
自信をもって次のステージへ歩み出すための最終章

卒業前の総仕上げの年は、人生の次のステージで直面すると思われる問題に、より深く切り込んだ内容で取り組みました。それまでのように学年全体の授業だけでなく、グループ別や男女別の学習も行っています。そして最後は、自分の障害をも含めて自分自身に向き合えるようにと、自分史作りに取り組んだのです。また、性教育の授業として計画したことではなかったのですが、文化祭のステージ発表は、恋、愛情、友情を盛り込み、主役カップルのオーディションや城下町ロケにも挑戦した青春時代劇で、性教育を強く意識したものにしました。

台詞のある役を演じる文化祭の劇は、ペアでステージに立った前年に比べると、子どもたちにとって想像以上にハードルの高いものでした。オーディションで友だちや自分を評価するという経験

本番ステージ

性教育の授業でこころを開く 37

は、自己を客観的に見つめるきっかけにもなったと思われます。焦りと不安、緊張、嫉妬等、様々な感情を乗り越えて演じ切った子どもたちは、一回り大きく成長したように感じられました。

そして、総仕上げの自分史作りは、しっかりとした自己肯定感をもってほしいとねがいながらの実践でしたが、まだ、"しっかりとした"自己肯定感というには道半ばというのが正直なところでした。しかし、自分史作りに取り組む中で、子どもたちの多くが、「恋人を作る」「結婚したい」と将来の夢を語っていたことは、障害があろうと「こころの主人公」として豊かに生きていく道を進んでいることの証といえないでしょうか。

卒業式当日は、学部の朝の会で、「3年生、今日は何でも言いたいことを叫んでよし！」と言われて、「将来は○○さんと結婚したいです」などと、期せずして告白合戦になり、教師一同を唖然とさせました。ハジけっぱなしで卒業した子どもたちですが、きっとこれからも逞しく未来を切り開いていってくれるだろうと思えた瞬間でした。

11. 実践の中の自閉症児

この性教育の取り組みの中では、どの子も主人公として輝きを放っており、一人ひとりに紹介しきれないほどのドラマがあったのですが、私は、とりわけ自閉症児の姿に何ともいえない愛おしさを感じていました。それは、普段は見えにくいこころの内を、不器用な表現で私たちに見せてくれていたからではないかと思うのです。

そんな彼らの姿を少し紹介してみます。

①ダイ君

中3で転入してきたダイ君は、突然人を突き飛ばしてしまうことがありました。それは隣の人とちょっと体が触れたときだったり、何かのきっかけで「ごめんね」という言葉をかけられた瞬間だったり（ごめんね＝悪いことをした人？）、時には、突然何かを思い出したかのように、ということもありました。対象になりやすい人はおおむね決まっていましたが、それがなぜなのかはわからない部分も多かったのです。中学校からの情報も「活発な女子は苦手で、他害のお

オールキャスト

それがある」といった表面的な事実のみで、彼のこころの内を推し量れるものではありませんでした。突き飛ばされたときの衝撃は相当なもので、一歩間違えれば大きな事故になりかねません。必然的に、教師は、とりわけ小さな子や女の子が近くにいるときは警戒感を強めてしまいます。だから、中学部のころは女の子とのかかわりは皆無といってよかったのです。

しかし、高等部になって、中学校から進学してきた女の子たちはそんな経緯を知らず、冷や冷やして見ている私たちをよそに無防備に近づいて話しかけたりハイタッチでかかわったりしていました。意外にも、ダイ君がそれを快く受け入れていたのです。1年の文化祭では、そんな女の子たちに誘われるように、男の子で一人、女の子集団に混ざってAKB48のダンスをノリノリで踊りました。ダイ君は、そのころは同じ自閉症で1学年下の男の子が大好きで、寄り添いながら彼の耳たぶに触ったりチューしたりして大喜びしている姿もよく見かけていました。教師の間では、「ひょっとして同性が好み?」と話題にされることもありました。微笑ましい姿が増えたとはいえ、人を突き飛ばすような行為がなくなったわけではありません。学年や学級の集団の中で、教師や友だちとの楽し

いかかわりが増え、少しずつ他害が目立たなくなっていった印象でした。

高2の「Shall We Dance?」では、ダンスのパートナー選びの授業にとても期待して参加しました。授業の始まる直前から笑いが止まらない様子です。頭の中では、告白予定のミキちゃんの笑顔を思い浮かべていたのでしょうか。告白タイムに先立って、まずは、私をお目当ての女の子に見立てて、複数の男性教師や生徒が並んで申し込む練習をしました。ダイ君もその中にいたのです。実は、彼が転入してきた当初、私はダイ君に攻撃されやすい対象の一人でした。理由はさっぱりわかりません。それゆえ、周囲が気遣って遠ざけていたせいもありますが、私からも積極的なかかわりを控えていました。「最近は、私を見る目も以前に比べると穏やかになったけれど、もう、すっかり警戒心が解けたのかな?」そう思っていた私は、目の前でたくさんの手が差し伸べられたとき、彼を選んでみたくなったのです。私がダイ君の手を握ったら、どんな反応をするだろうか。ちょっと迷ったふりをした後、ドキドキしながら思い切り彼の手を握りました。私に選ばれた瞬間、彼は「えっ、どうしよう……」という表情で固まりました。「僕はミキちゃんを選ぶはずだったのに……」と、一瞬練習であることを忘れて、

性教育の授業でこころを開く　39

そう思ったのかもしれません。しかし、男性教師に促されるように「そんなの関係ねぇ」のギャグをやって安堵の表情を見せました。ミキちゃんとめでたくペアになったダイ君は、ステージ発表で立派にミキちゃんをリードしながら社交ダンスを踊ることができたのです。「あのダイ君が……」と、中学部のころのダイ君をよく知るみんなが感慨にふけったのでした。

3学期になって、赤ちゃんについての授業を行いました。1年前の授業で生命の誕生について学習した際に、妊娠8か月の妊婦さんに来ていただいたことがありました。お母さんになられたその方と誕生した赤ちゃんからのビデオレターを紹介するとともに、赤ちゃんの成長や「赤ちゃんはどうして泣くの?」等を学習したのです。1年生のときにも赤ちゃんの人形を使ってお風呂に入れたりミルクをあげたりする体験をしたのですが、そのときのダイ君は、険しい表情で、人形を抱くことはありませんでした。小さい子が苦手なダイ君だから無理もありません。1年後に、あえて「赤ちゃんはどうして泣くの?」という学習を行うことにしたのは、そんなダイ君のことも意識してのことでした。しかし、1年後のダイ君は、少し余裕の表情です。赤ちゃんの泣き声を聞いても人形を抱っこする

ことにも、あまり抵抗はないようでした。1年生のとき、「○○ちゃん好き! △△ちゃん嫌い! ××先生嫌い! □□先生好き!」と、ダイ君は周囲の人を好きか嫌いかで表現していた時期があります。その当時のダイ君のこころの中にあったたくさんの「嫌い」は、きっと、1年経って小さくなっていたに違いありません。その代わりに彼のこころの中に広がってきたのは、「好き」でも「嫌い」でもない中間的な感情なのかな? と思います。

3年生の最後に、自分史の発表をした際、ダイ君は「(将来)結婚はしません」と、きっぱり宣言しました。理由は答えてくれないダイ君でしたが、ダイ君なりの幸せの形を頭の中にしっかり思い描いている、そう確信させる発表でした。

②サト君

サト君とは、小学部2年で担当になって以来、一番長い付き合いになります。2年生からずっとかかわる中で、彼は人を求めてやまない気持ちをどんどん膨らませ、いろいろな人に興味をもったり、大好きになったり、そんな大好きな人と一緒に身体や言葉で遊ぶのが楽しくて仕方ないといった様子を見せるようになっていきました。性教育のはじめの一歩は、そんな5年生のころで、モーニン

グ娘。にハマッたり若い女性の先生に顔を赤らめたりと、ちょうど思春期を迎えようとしているころでもありました。生まれてから今日までを写真で振り返る授業のときのこと、泣き声が苦手なサト君は、写真の中で泣いている赤ちゃんが自分だということにどうしても納得がいきません。自分も昔はギャーギャー泣く赤ちゃんだったなんて認めたくない様子でした。助産師さんに来ていただいて行った授業でも、赤ちゃんの人形を何度も投げていました。しかし、1年後の授業では、人形に顔を向け、はにかんだような笑顔で優しく優しく抱っこしているではありませんか。このとき私は、彼には赤ちゃんがどうして泣いているのかはわからないけど、赤ちゃんをみんなが可愛いと思っている、赤ちゃんは大切なものだということをわかってきたのではないかと考えました。最初から、サト君のこのような変容を狙って実践したわけではありませんが、彼の姿が、私たちに性教育の真の意味を教えてくれたのでした。大切なことは、「自分や自分の周りの人を大切に思う気持ち」だと。

　そんなサト君も高校生になり、好きになるのは同級生の女の子。華奢でちょっと甘え上手なミキちゃんです。しかし一方で、コトちゃんとは入学直後から犬猿の仲でした。「サト君、いけんよ！　〜し

たらダメ！」と、口うるさいコトちゃんに「うるせーっ」と返すサト君。そんなことがたびたび繰り返されるうちに、コトちゃんの顔を見ただけで「うるせーっ」と反応してしまいます。すると、コトちゃんが足を踏み鳴らしながら顔を真っ赤にして怒り出し、挙句の果ては大泣き。怒ったり泣いたりする顔を見て、また「うるせーっ」……。これが毎日、通学バスの中から始まる光景だったのです。そして、「先生聞いてくれる？　あのね、今日サト君がね……」と、コトちゃんはサト君の担当の先生のところや隣のクラスの私のところへ相談にやってきていました。「サト君はね、本当はコトちゃんのこと、好きなんよ。だから、コトちゃんに笑ってほしいんだと思うよ。スマイル、スマイル！」そんな説得が、次第に功を奏したのか、いつの間にか、コトちゃんは「サト君、大好き！」になり、すっかり押しかけ女房のようになっていったのです。サト君にとって、プンプン怒らなくなったコトちゃんに、もはや「うるせーっ」と言う理由はなかったのです。「Shall We Dance ?」のパートナー選びの前、サト君は「ミキちゃーん」と一人で笑っていたり誰と踊りたいかのインタビューに答えてミキちゃんの写真を選んだりと、ミキちゃんに告白したい気持ちは十分に伝わっていたのですが、いざ

告白タイムになるとなかなかミキちゃんの前に立つことができませんでした。そこで、教師がもう一度写真で意思を確認した上で、ミキちゃんへの告白を後押ししました。しかし、ミキちゃんは、コトちゃんに相談して彼女にサト君を譲りました。ミキちゃんへの告白では恥ずかしがっていたサト君ですが、満面の笑みのコトちゃんの期待に応えるように、コトちゃんをパートナーとして受け入れたのです。理想と現実……、大人の世界にもありそうな、男女のドラマが繰り広げられていることを、私たちは興味深く見守っていました。

卒業式の日も、コトちゃんはサト君の手を引いて学部のみんなの前に出て、「サト君と結婚したいです」と宣言していました。最後までなすがままのサト君でしたが、卒業した今も、ミキちゃんへの想いを胸に抱いているようです。卒業生が多く集まるような行事の場では、いつも「ミキちゃん……」とつぶやきながら姿を探しています。そして、自分に言い聞かせるように「ミキちゃんはお休みです」とも。「また逢える日が早く来るといいね」そう願わずにはいられません。

③リョウ君

リョウ君は、感受性豊かで、とても不安が強い子です。だから、新しい環境に慣れるのにとても時間がかかってしまいます。そして、不安が強いときは、いわゆる問題行動が現れやすいのです。とりわけ、水や唾、植物、洗剤、汚泥等を弄んだり口に入れたりする時間が長くなります。中学部時代は、その行動の裏に隠れた彼の思いをなかなか受け止めてもらえない時期があり、学校に登校できないこともありました。「この先生の言うことならすぐに従えるのに、他の先生だとまったく動かない」というような場面もあります。つらい時期をある程度乗り越えて、彼がこころの安定を保つために獲得した方法は、"寝る"ことでした。高等部に入ってからは、授業中、積極的に活動していることは少なく、教室の後ろの方で横になっていることも多かったのです。まあ、調子がよければ、教師に促されてちょっとだけやってみる、という感じでした。

「Shall We Dance ?」のパートナー選びの当日、リョウ君は、カゼをひいて休んでしまいました。私たちは、「さて、どうしよう？」と考えて、授業前に、担当のヨウヘイ先生が女の子たちの顔写真を持って家まで訪ねていき、リョウ君の意思を確認しておくことになりました。体調が悪い中でも、リョウ君はしっかり写真を見てペアになりたい人を選んでくれました。しかし、もともと女の子

の方が人数が少ないこともあり、残念ながらリョウ君の意思を授業の中で反映させてあげることはできませんでした。後日、リョウ君には女性教員の中からパートナーを選んでもらいました。彼が躊躇しながらも勇気を振り絞ってタッチした手は、若いサトコ先生でした。このとき、サトコ先生は赴任されてまだ1か月あまり。リョウ君とは自立活動の授業でかかわっていました。しかし、リョウ君はなかなかこころを開かず、声をかけられても固まって動かないことが多かったのです。それでも、サトコ先生は、優しく根気よく寄り添われていました。新しい先生に慣れるまで、ある程度時間が必要なのはいつものことですが、今回は少し長くかかりそうだなぁ、という印象だったのです。しかし、本当は最初から「素敵な先生だな」と思っていたのかもしれません。慣れないというよりは、恥ずかしくて固まっていたのでしょう。リョウ君がサトコ先生を選んだことで、やっと、そのことに気づかされたのでした。

　サトコ先生とダンスを踊ることになったリョウ君ですが、練習に取り組めるようになるまでには随分と時間がかかりました。サトコ先生がそばに寄り添って優しく誘いかけても、リョウ君は教室の端っこで横になっているか座っているかで、みんなが練習する様子を時々ちらり

とうかがっていました。ここ数年、リョウ君にとって、学校生活の中で最も緊張し、不安定になってしまうのが文化祭のステージ発表前だったのです。みんなと一緒にステージに立って頑張りたいという気持ちと、上手にできるかどうか不安な気持ちとの間で葛藤し、食事も喉を通らない日が続きます。この年も、文化祭に向けた取り組みが始まると一気に不安な様子を見せ始めました。それでも、焦らず根気よくはたらきかけることで、サトコ先生と呼吸を合わせたダンスをすることができるようになっていきました。予行練習で無事にダンスを踊り終えて退場する際、カメラを構えて観ているお父さんに向かって見せたドヤ顔は忘れられません。

　3年生の文化祭では、時代劇に取り組むことになり、配役を決めるためのオーディションを行いました。女の子は茶屋の娘、男の子は主役の青年か高杉晋作のどちらかを選んで、運命の出会いのシーンを演じます。それを、生徒と教員全員で採点し、最後は数名の審査員が配役を決めるのでした。私たちの中では、シナリオを考えたときからリョウ君は毛利のお殿様役と決めていたのですが、オーディションには全員挑戦させて、配役を発表することにしていました。ただ、オーディションで演じる役はセリフも多

性教育の授業でこころを開く　43

く、リョウ君にとってはとてもハードル
が高いと思われたので、ひょっとすると
固まって拒否してしまうのではないかと
も予想していました。しかし、予想は大
外れ。自分で高杉の役を選び、セリフも
動きもヨウヘイ先生と一緒に合わせて演
じることができたのです。練習にも、早
い段階から落ち着いて参加しています。
あまりに順調だったため、本番の文化祭
当日になって急に大きな緊張感に襲わ
れている様子でしたが、何とかやり遂げ
ることができました。

　「みんなと同じ。でもその中で、リョ
ウ君はリョウ君。ありのままでいいんだ
よ」そんな私たちのこころとリョウ君の
こころとが、3年という月日を経て近づ
いていったように感じています。

12. 青年期教育として　　性をともに学ぶ

　教育目標・教育評価研究会では、全
国のあちこちに恋愛禁止の特別支援学
校があるということが話題になっていま
した。恋愛禁止とまではいかない学校
でも、男女交際をしていることがわかる
と、何か問題を起こすのではないかとい
う目で教師から見られるようになるそう
です。しかし、少し冷静になって自分た
ちの人生を振り返ってみてはどうでしょ

うか。誰かとお付き合いした経験はも
ちろんのこと、失恋だって、秘めた想い
だって自分を大きく飛躍させる糧となっ
てきてはいないでしょうか。実際、高等
部の子どもたちを見ていると、人は恋愛
からいろいろなことを学び、自立へと自
分を奮い立たせる原動力にしているん
だなぁと、実感する毎日でした。恋愛を
禁止にしてしまうなんて、本当にもった
いないことだと思います。もちろん、恋
愛には失敗はつきもの。だからこそ、子
どもたちには、本物の性の学びに出会わ
せ、失敗しても支えてあげられる高等
部時代に、守られた環境の中で安心し
てハジけさせてやりたいと思っているの
です。

　この性教育の実践は、自閉症児の教
育として特に意識して取り組んだわけで
はありません。実践を成功に導き劇的に
変化していったと感じられるのは、ここ
で取り上げた自閉症児ではなく、むしろ
知的に軽度の子どもたちです。しかし、
自閉症児も同じ学年集団の中で人間関
係を学んでいることに、大きな意味が
あったのだと思います。自閉症の障害特
性があっても、青年期の課題は共通で
す。他の障害の子どもと何ら分ける必要
はなく、むしろ共に活動することで私た
ちが思いもよらなかったような学びに広
がりや奥行きが生まれました。

13. 自閉症児と教育目標

　長年、自閉症児とともに過ごして感じることは、「本当に周囲の人に理解されにくい」ということです。たとえば、見ていないようでしっかり見ていること、わかっていないようでよくわかっていること、仲間と同じようにやってみたいと思っていること、いろいろなねがいをもっていること等々。しかし、そのこころの内をうまく表現できなかったり、ちょっと個性的な表現だったりするため、私たちには理解してあげられないことも多いのです。つまり、評価することがとても難しいなぁ、と思います。必然的に、目標が「〜できる」といった、行動のみに着目したものにもなりやすいのではないでしょうか。もちろん、「〜できる」ことは決して悪いことではありません。教師として当然のねがいでしょう。しかし、子どものねがいに寄り添えているか、「〜できる」ことの裏側にどんなこころが育ってほしいのか、常に意識し

ていたいと思います。３年間の性教育実践にあたって、私たち教師は、子どもたちを真ん中にして、たくさん語り合ってきました。子どもたちが何を考えているのか、本当のねがいは何か、どうしたらねがいを実現できるのか……。学年全員での取り組みにしたからこそ、共に考え共に実践することができたのです。まさに、教師集団として子どもたちに育てられたのだと思っています。

　性は、人間のこころとからだの根幹にあるものです。だから、性教育は自閉症児のこころも開いてくれる力をもっているのではないかと思います。性教育の取り組みで「普段は見えにくいこころの内を、不器用な表現で私たちに見せてくれていた」と述べましたが、自閉症児にとっては、そのこと自体が目標であり評価に値するのではないでしょうか。こころを揺さぶり育てていく教育を、私はこれからも目指していきたいと思っています。

性教育の授業でこころを開く　45

実践

みんなで読む民話『おだんごぱん』
小学校特別支援学級の「ことば」の授業づくり

奈良教育大学付属小学校特別支援学級
篠﨑 詩織
Shinozaki Shiori

はじめに

　私が勤務しているのは奈良教育大学付属小学校の特別支援学級です。「19クラス」と呼んでいます。日々の仕事のなかで私にとっての大きな支えは、学級の教員集団です。忙しい放課後の時間もやりくりして、日常的に子どもの姿や授業づくりなどについて語り合いながら仕事をすることができ、本当に幸せだと思います。

　ここでは、「ことば」の授業実践を報告します。採用されて最初の年の、初めての授業づくり。どのように教材を選べばよいのか、どのように目標をたて、どのような手立てを行い、どのように評価をすればよいのか。わからないことばかりのなかでの実践でした。今になって思い返すと、こうすればよかったと反省することもあります。恥ずかしながら今でも失敗続きで、手探りのなか、子どもと向き合い実践を続けています。

1. 19クラスの「ことば」の授業

⑴付属小学校特別支援学級（19クラス）

　19クラスでは、1年生から6年生までの知的障害のある子どもたちが学んでいます。在籍する子どもは12〜15人程度で、現在その半数ほどが自閉症スペクトラムといわれる子どもたちです。

　教員は6人で、低・中・高学年の3学級をそれぞれ担任していますが、課題別に編成する授業グループをまんべんなく担当するなどして、子どもたちみ

んなを教員みんなで育てることを大切に
しています。

　子どもたちは登校から下校まで1日を
特別支援学級で過ごします。生活をま
るごとうけとめながら、独自の教育課程
をつくり、子どもたちの課題に合わせた
教育をしています。安心して自分が出
せる場（友だち・教員集団）を保障し、
そのなかで子どもたちが自分を肯定し、
大きく成長・発達していくことを大切に
しています。

　授業は、発達段階や生活年齢などを
もとに編成したグループに分けて行う
「ことば」「ずこう」「あそび」「かず」「し
ごと」、全体で行う「おんがく」「たいい
く」があります。

(2)ことばの力を育てたい

　人間のことばには、コミュニケーショ
ンの道具、思考の道具、行動調節の道
具という3つの側面があるといわれま
す。ことばを獲得し豊かにしていくこと
は、他者とのコミュニケーションの力だ
けでなく、考える力やものを認識する力、
そして自分の気持ちや行動をコントロー
ルする力を育てることにもなります。

　障害のある子ども、特に自閉症の子ど
もたちは、言語面で様々な制約を抱え
ています。私たちは、子どもたちが人間
として豊かに発達していくために、生活

や授業を通して、聞く・話す・読む・書
くといったことばの力をつけていきたい
と考えています。その中核を担うのが、
「ことば」の授業です。

(3)「動作化」を通して絵本を読む授業

　19クラスの「ことば」の授業では、
絵本（紙芝居を含む、以下同じ）のお
話の世界を楽しませることを中心に、こ
とばの力に働きかけます。子どもの課題
によってとりいれかたは異なるものの、
動作化をさせたり、実物をもちこんだり、
体験させたりすることを大事にして授業
づくりをしています。

　なかでも、「ことば」の授業の中心に
なるのが「動作化」です。動作化は、
国語あるいは道徳などの授業の方法と
して用いられることがあります。私たち
は「動作化」を、ひとまず〈絵本のなか
に出てくる動作をまねること、登場人物
になって話の筋にそったことばを言った
り動作をしたりすること〉と定義してい
ます。障害のある子どもにとって、お話
を理解したり、より楽しんだりするため
に、この「動作化」が重要だと考えてい
ます。語彙が少なかったり、経験が少な
かったりする子どもたち。絵本に出てく
ることばや動作、やりとりのおもしろさ、
話の顛末は自分が体験することで初め
てわかることが多いのです。想像するこ

みんなで読む民話『おだんごぱん』　47

とが苦手な子どもたちも、自分が絵本の
なかの登場人物になってみることで、絵
本のページには描かれないお話の"間"
を埋めていくことができます。他者の考
えに注意が向きにくい、理解しにくい自
閉症の子どももいます。それぞれが登場
人物のつもりになるなかで、指導者やな
かまのまねをしたり、お話をまねたやり
とりをしたりと、なかまとの学び合いの
土台となります。

2. 「ことば3グループ」の 子どもたちと

この年、私が担当したのは「ことば3
グループ」でした。子どもは3人で、教
員は1人。この年度ではもっとも学習課
題の高いグループでした。どの子もお
話について自分のことばで説明すること
は難しく、動作化で登場人物のことば
や動きを通すことで、理解したことを表
現できる場合が多くありました。動作化
をするなかでわかっていく場面も多くあ
りました。

自閉症のAちゃんは5年生。普段か
ら身の回りのことを二分的に捉える傾向
が強く、じゃんけんは負けるかもしれな
いので避ける、自信のあること以外は答
えないなど、間違えることや失敗するこ
とが不安なようでした。相手の問いかけ

の意味がわからなかったり、限られたこ
とばで話すために言いたいことが伝わり
にくかったりすることがよくありました。
名前や順番などを覚えるのは得意で、
お話における出来事もよくわかりました
が、登場人物の心の動きはみえにくく、
ことばやお話の理解は、3人のなかで一
番難しいことの多い子でした。読み聞か
せでは好きな場面を楽しみにして注目
することができましたが、初めて読む絵
本やAちゃんにとってわかりにくいお話
だと集中が途切れていました。

5年生のBちゃんも自閉症でした。指
示や注意をされることに敏感で、なかな
か気持ちが安定しませんでした。知的
な遅れは比較的軽く、難しいことばもた
くさん知っていましたが、お話を読む時
の焦点の当て方が独特な子でした。

4年生のCくんはADHD傾向のある
子どもでした。他者の意図も読みながら
比較的柔軟にことばを使うことができ、
友だちとも積極的に関わることができま
した。お話の本筋を楽しめるので、授
業ではCくんに助けられる場面もありま
した。

興味の対象や幅、言語面での課題、
授業への向かい方が少しずつ異なる3
人でしたが、だからこそ他の子のことば
や動きを見聞きすることで、新たな学び
がうまれました。特にAちゃんには、友

48　実践

だちの姿が具体的な見本になり、問われていることやすべきこと、そしてお話がわかっていくような場面をつくるよう意識しました。

3.『おだんごぱん』の 授業づくり

⑴民話を読みたい

授業づくりはその時の子どもや集団に合う絵本選びから始まります。

まず今回は、民話の絵本を読みたいと思いました。日本には「ももたろう」や「さるかに」など多くの民話があります。外国にも、ドイツのグリム童話やデンマークのアンデルセン童話、イソップ物語、ロシアの「おおきなかぶ」や「イワンのばか」、ウクライナの「てぶくろ」、モンゴルの「スーホの白い馬」などの他、世界各地に数多くの民話があります。

民話が、形を変えながらも、何世紀も前から現代まで語り継がれてきたことを考えると、そこにはどの時代の（あるいはどの国の）子どもたちにも受け入れられる普遍的なストーリーの良さがあるのでしょう。私自身、幼い頃から多くの民話を聞いて育ってきました。障害のある子どもたちにも、民話の楽しさを伝え、民話を語り継いでいきたいという思いが、この授業づくりの始まりでした。

⑵絵本『おだんごぱん』との出会い

選んだのは『おだんごぱん』（瀬田貞二:訳、脇田和:絵、福音館書店）という、ロシア民話をもとにした絵本です。

絵本選びは本当に悩みます。絵本を決めなければ授業づくりは進みませんし、絵本が決まれば授業づくりも半分が済んだ、という感覚にさえなります。良い絵本に出会っても、この絵本で間違いない、と思うことはまずありませんし、すぐに授業が描けるわけでもありません。子どもたちの姿と絵本を照らし合わせ、読み聞かせや動作化をしている場面をイメージし、どのような授業ができるかを考えます。

『おだんごぱん』は、なかまの先生からの勧めでした。表紙は何度か目にしたことがありましたが、どうもパッとせず、なかを読み込んだことはありませんでした。読んでみるとまず、Ｃくんの姿が目に浮かびました。おだんごぱんをだましていくキツネを、上手に演じるんだろうなぁと。Ａちゃんには難しいのではないか、ということも同時に頭に浮かんだし、周りの先生にも言われました。けれど他にピッタリなものも見つからず、確信がないまま、なんとかこの絵本で、授業づくりにふみきりました。お話のどこかに、Ａちゃんにも楽しめるところがあるだろう。お話の「主題」と言われるもの

みんなで読む民話『おだんごぱん』　49

には迫れないかもしれない。それでもＡちゃんのわかるところを追究したい。それとも主題を外してしまったらその絵本を学ばせる価値はないのだろうか……。そんな悩みを残したまま授業づくりを始めたのでした。

(3) 『おだんごぱん』のおもしろさを掘り起こす

　なかまの先生の力も借りて絵本をじっくり読み込み、魅力を掘り起こし、子どもたちにどこをどう教えたいかを考えました。

　主役は、貧乏なおばあさんが粉を集めて作った丸いぱん、「おだんごぱん」。おだんごぱんはころころと転がって、おじいさんとおばあさんのもとから逃げ出し、「たべてあげよう」と言うウサギ、オオカミ、クマに出会いますが、「ぼくはてんかのおだんごぱん〜おまえからもにげだすよ」と歌を歌って隙をつくり、逃げ出します。しかし最後に出会ったキツネはこれまでの３匹とは態度が違いました。おだんごぱんは知恵を働かせたキツネにだまされ、食べられてしまうのです。

　訳は瀬田貞二さん。文は簡単な説明と、登場人物の生きいきとしたせりふと、リズムのよいおだんごぱんの歌から成っています。脇田和さんの絵は、一見あっさりとしたなかにも、登場人物の何とも言えない表情の変化や動きが描かれており、気持ちを読みとる手がかりになります。特に場面によって変わるおだんごぱんの表情がおもしろいと思いました。おだんごぱんのころころ転がる様子と、それにともなって移り変わる場面と、場面に応じて変化するおだんごぱんの表情とそこから読みとれる気持ちとがあわさり、リズムよく読み進められます。そして、おだんごぱんが食べられるという明確な"オチ"。３グループの子どもたちにとって読み応えがあるのではないかと思いました。

　お話の転換点となるのは、おだんごぱんがキツネに出会う場面です。キツネはまず、おだんごぱんに「なんてあなたはきれいで、なんてほかほかやけているんでしょう」と言って褒めちぎります。おだんごぱんはこれまでと同じように、キツネに向かって「あんたからも、にげだすよ」と歌いますが、キツネはすかさず「ああ、すばらしいうただ」「もういっぺんうたってくださいな」と頼みます。「みみがとおくて」と添えた巧みなことばに誘われるままに鼻の上、舌の上と、徐々にキツネの口へと近付いていくおだんごぱん。読み手がもっともハラハラドキドキする場面です。そして期待通りか期待に反してか、おだんごぱんは食べられ、おだんごぱんをくわえ何ともいえな

い表情をしたキツネの絵でお話はおしまいです……。

　キツネはおだんごぱんの気分を良くするために、「すばらしい」歌を聞きたいというふりをし、さらに耳が遠いふりもして、おだんごぱんをだましたのです。これまでの動物たちとのギャップや、読み手の視点ではキツネの思惑を知りながらそれとは異なることばにおだんごぱんがだまされていく様子を追っていくところに、このお話の一番のおもしろさがあるといえます。

⑷何を、どう学ばせる？

　子どもたちには、お話のリズムのよさを楽しませながら、その起承転結を理解させたいと考えました。特に、おだんごぱんがウサギ・オオカミ・クマに歌を聞かせた隙に逃げたということ、キツネにことばとは異なる思惑（食べてやる）があったこと、おだんごぱんがキツネの言う通りにして食べられたことを理解させることをねらうことにしました。これらがこの話のおもしろさがわかることにつながると考え、これらを"だました""だまされた"ということばに込めて、次の二つの目標を設定しました。

【目標】

・読み聞かせや動作化を通して、おだんごぱんは、うさぎやおおかみやくまからは逃げたが、きつねにはだまされて食べられてしまったことをわからせる。

・うさぎ、おおかみ、くま、きつねやおだんごぱんのつもりになって、だましたりだまされたりするやりとりを、ことばや動作で表すようにさせる。

　登場人物のつもりになってやりとりをしながら理解していくことをめざし、動作化を中心に授業をくみたてました。

　このお話の一番のおもしろさであるおだんごぱんとキツネとのやりとりは、お話のなかでもっとも難しいところでもあります。とりわけ目に見えない心の動きを捉えることが困難なＡちゃんにとって、ことばとは反対のキツネの思惑や、ぱんを食べるために嘘をつくキツネの気持ちを理解することは難しいだろうと予想されました。けれども、絵を手がかりに話し合うことや、絵本や指導者、友だちのまねをしてことばを"言ってみる"、登場人物のつもりになって"やってみる"ことを通して、少しずつわからせていけるのではないか、そう願ってとりくむことにしました。

　以下、実際の授業の様子を、Ａちゃんの姿を追いながら示していきたいと思

みんなで読む民話『おだんごぱん』　51

います。

4.『おだんごぱん』の 授業の実際
Ａちゃんの学びの姿から

⑴『おだんごぱん』との出会い──「Ａちゃんはおだんごぱん。にげるよ!」

　１時間目、初めての読み聞かせ。子どもたちと『おだんごぱん』との出会いです。Ａちゃんは他の絵本の時もそうだったように、初めてのお話に集中しにくいようで、絵本から視線がそれることが多くありました。しかし、キツネの場面になった途端、明らかに集中し始めます。じっと絵を見ながらお話に聞き入っていました。こちらが、一番おもしろく一番重要だと考えたキツネの場面に、Ａちゃんが惹かれたのです。確かな手応えを得ました。

　さらに絵本を読み終えてすぐ、Ａちゃんは握りこぶしを作り、それを私の鼻の上に乗せると「おだんごぱん、たべて」と言ったのです。私が食べるふりをしようとすると、今度はサッとこぶしを引き、笑いながら「すたこらさっさ、にげたよ!」と楽しそうに言いました。キツネとの場面に見立てたのだとすると、お話とは反対のことをしたことになります。この後どうやって本来の筋に戻していこ

うかとためらいました。

　ちなみにＢちゃんは、表紙を見るなり「いやー!　ぱんにかおかいてあるなんてへん。こわい」と強く拒否感を示し、読み聞かせ中も「いや」を連発しました。これには私も驚き、『おだんごぱん』での授業は続けられないかもしれない、と慌てました。その後Ｂちゃんのなかでお話のおもしろさの方が勝ったようで、とりくんでくれるようになったのですが。

　２時間目には、読み聞かせをしながらおだんごぱんの表情について問いかけました。「おだんごぱんはどんな顔をしている?」「何て言っているんだろう」という発問に対し、Ａちゃんはそれぞれ絵に描かれた表情をまね、ことばでの表現はありませんでした。キツネの場面がくるとＡちゃんは期待で目を輝かせ、「うひ」と声を出して笑っていました。またこの時も、読み聞かせの後で自分の握りこぶしをぱんに、私をキツネにみたてたＡちゃん。しかし“Ａちゃんぱん”は「まずいからー」と言いながら逃げていってしまい、私が追いかけるとケラケラと大笑いしていました。“まずいぱんがキツネからにげちゃう”…Ａちゃんなりのストーリーで遊んでいることがわかりました。またこの頃から、休み時間にも私の姿を見つけると「Ａちゃんはおだんごぱん、せんせいはキツネ!」と言って大喜

びで逃げていくことをくり返すようにな
りました。『おだんごぱん』のお話を借
りた"追いかけっこ"を、授業でもそれ
以外の場面でも楽しんでいたのです。

　3時間目には、読み聞かせの後、おだ
んごぱんの歌を歌わせてみました。歌
が大好きなＡちゃんは、私が歌った時の
節をまね、ハキハキと歌いました。また、
動作化（子どもたちとは「げき」と言い
ました）に向けて登場人物のお面に色
ぬりをしました。かわいいものが大好き
なＡちゃんは、初めウサギがいいと言い
ましたが、Ｂちゃんに譲り、次にキツネ
を選びました。やはりキツネに魅力を感
じているようでした。

(2)おだんごぱんが逃げる場面の動作化
　　──「うたうよ。にげるよ」

　この次の時間から、いよいよ動作化の
始まりです。教材や子どもによってはお
話の始めから終わりまでを通して動作
化していくこともありますが、今回は①
おだんごぱんとウサギ・オオカミ・クマ
のやりとりの場面と、②おだんごぱんと
キツネのやりとりの場面とに分けて動作
化をしていくことにしました。その後で、
③いろいろな役になってお話の始めから
終わりまでを通して動作化させていきま
した。

　4・5時間目には読み聞かせの後、①

の動作化をしました。Ａちゃんは読み
聞かせの時には、ウサギ・オオカミ・ク
マは「たべない」「にげるよ」、「キツネ
がたべる」とはっきりと答えていまし
た。しかし、クマ役になって動作化をし
た時には、おだんごぱん役の子が歌を
歌い逃げていこうとした後もしばらく追
いかけ続け、さらに「ぱく」ということ
ばも言っていました（クマが食べちゃっ
た…！）。後で、クマはなぜおだんごぱ
んに逃げられたのかを聞いてもみました
が、「うたうよ。にげたよ」とできごと
の順序を答えるだけでした。

　おだんごぱん役の時には、「おまえ
をぱくっとたべてあげよう」に対して、
「だーめ！」と言って歌うだけで、絵本
にある「うたをきかせてあげるんだから」
というせりふは出てきませんでした。こ
とばが出てこないということは、そのこ
とばを言う意味を捉えきれていないとい
うことでしょう。

　"ウサギ・オオカミ・クマはおだんご
ぱんを食べなかった""おだんごぱんは
歌を歌った。そして逃げた"という事実
をことばで表すことはできても、その意
味はつかめきれないようでした。

　また、どちらの役の時も、動物たちと
おだんごぱんとの"追いかけっこ"を楽
しむ姿が特徴的でした。Ａちゃんにとっ
てこの時点でのおもしろさは、"追いか

みんなで読む民話『おだんごぱん』　53

けっこ"にあるのだろう、だます・だまされるというところにはないのだ、と思いました。

(3)おだんごぱんとキツネの場面の動作化 ──Aちゃんおだんごぱんは食べられるか?

6時間目から8時間目には、②の、おだんごぱんとキツネの場面の動作化をしました。そのうち1時間目は子どもがおだんごぱん、私がキツネ役に、2時間目は子どもがキツネ役、私がおだんごぱん役になりました。3時間目はどちらの役も子どもにさせました。

6時間目を研究授業というかたちで公開しました。子どもたちに順におだんごぱんの役をさせ、私がキツネ役として相手になり、動作化をするというのが主な活動です。

まず、この時間のねらいを次のようにたてました。

【6時間目のねらい】
おだんごぱんの役になってきつねとやりとりすることをとおして、おだんごぱんがきつねの言うとおりにして食べられてしまったことをわからせる。

おだんごぱんになって、キツネに甘いことばをかけられながら口元へと誘われ、食べられてしまうという過程を動作化することで、おだんごぱん側の視点か

ら、"だまされた"ことに気付かせていきたいと考えたのです。

その上で、これまでの様子からAちゃんには以下のような個別のねらいをたてました。

【Aちゃんのねらい】
・おだんごぱんの役になって、きつねの言うとおりに歌ったり、鼻の上、舌の上へと移ったりし、最後には食べられることができるようにする。
・動作化をしたり友だちの意見を聞いたりして、おだんごぱんがきつねの言うとおりにしたことをわからせる。

おだんごぱんがキツネから逃げる"追いかけっこ"あそびをくり返し楽しんできたAちゃん。これはお話とは異なります。いざおだんごぱん役になって動作化をする時、お話の通りに食べられることができるのか、それともあそびの時のように逃げてしまうのか。Aちゃんがどうとりくんでくれるのか、私自身も予想しきれないまま、ある意味でワクワクしてむかえた研究授業でした。

＊　＊　＊

Bちゃんと私とで動作化する様子を見た次の番に、おだんごぱん役になったAちゃん。フェルトで作ったおだんごぱんを手にした瞬間から、「きゃー」と笑い声をあげ、何も言われずとも「こー

ろ　こーろ　こーろ」とおだんごぱんを転がして動作化を始めました。

キツネ役の私と絵本にそったやりとりをしていきましたが、初めて動作化をする場面なので時々私の方をうかがって流れを確かめます。

キツネと出会って1度目のおだんごぱんの歌。歌の後半でスピードが速くなります。早くお話を進めたい、早くおもしろい場面にいきたい、というような、期待にあふれた表情でした。

「もういっぺんうたってくださいな。こんどは鼻の上で」と誘うと、Aちゃんは「きゃーーっ」と笑いながらすぐに鼻の上へぱんを持っていきました。そして、私のせりふに重なるほどの勢いで歌い始めました。この時も歌のスピードは速かったですが、やはり表情は期待に満ちていました。「こんどは舌べろの上にいらっしゃい」という私のせりふにニヤリと笑うAちゃん。食べられる時は今か今かと、キツネ役の私の顔や動きをじっ

と見つめていました。Aちゃんがおだんごぱんを飛び上がらせ、私が手を伸ばします。すると…Aちゃんはおだんごぱんを持つ手をさっと引いてしまったのです。「きゃは！　うふふふっ」と声を出して笑いながら。しかし、すぐにその手を私の口元へ下ろし、私の手に委ねた、つまり"キツネに食べられた"のです。そして私におだんごぱんを渡してしまうと、私が食べるまねをしている間中、Aちゃんは「あーははは！」と、まさに笑い転げていました。

その動作化の直後、「よーくみててね、いいことかんがえた」とぱんを私の顔の上にかざしたAちゃん。今度はやはり逃げてしまいます。けれども「絵本の時は、おだんごぱんはキツネさんから逃げま…？」と問うとはっきりと「せん！」と答え、「キツネさんが？」と問うと「ぱくっ!!」と言って食べるまねをし、大笑いするのです。その後ひとりごとのように「だれがたべた？　キツネ？」とも言っていました。"おだんごぱんはキツネに食べられる"ということを、絵本のストーリーとしては飲みこんでいるようです。さらにしばらく時間が経ってから、突然「いいことおもいついた！」と言ったAちゃん。「えい！」と言ってまた私の顔の前に握りこぶしを出し、私が手を出すと、やはり笑いながら逃げていきました。

みんなで読む民話『おだんごぱん』　55

そこで、Aちゃんのこぶしを指して「Aちゃんぱんは？」と聞いてみました。するとAちゃんは手を引き、"にげて"行きました。次におだんごぱんを持たせ「おだんごぱんは？」と聞いてみると、私の手に委ねてきたのです。"Aちゃんぱんは、にげた"、"おだんごぱんは、たべられた"のです。

5. 動作化を通して評価する
"Aちゃんぱん"と"おだんごぱん"を行き来して

おだんごぱんになって"追いかけっこ"あそびをするAちゃんの姿を、どう評価すればいいでしょうか。Aちゃんは絵本の世界に足を踏み入れていたのでしょうか、それとも単に遊んでいたのでしょうか。

私は、Aちゃんははじめのうち、お話の筋から少しはみ出したところに自分なりのおもしろさを見出し、"おだんごぱんの世界"を借りたあそびを楽しんでいたのだと思います。それは絵本から完全に切り離されたあそびではありません。Aちゃんにとって、単なる"追いかけっこ"ではなく、おだんごぱんになって逃げるということに意味があったのではないでしょうか。

授業の隙間や休み時間の逃げ続ける姿とは違い、動作化のなかではお話の筋にたち戻り、食べられることができました。"Aちゃんぱん"と"おだんごぱん"ということばで整理し改めて問えば、あそびと本来のお話とを区別して答えることができたのも事実です。

Aちゃんは絵本のお話とあそびの両方を合わせること、行き来することで"おだんごぱんの世界"が好きになったのではないでしょうか。そのお話の世界が好きになる、考えるだけでワクワクしてしまう。その気持ちが絵本を学ぶ第一歩であり、しかも大変重要な一歩であると思います。Aちゃんの期待に満ちた笑顔や、いつでもどこでも"おだんごぱん追いかけっこ"を楽しむ姿を、「絵本と出会うことでAちゃんのなかに新しい世界が生まれた」姿としてきちんと意味づけたいと私は思うのです。

初めての動作化の場面で、一度手を引いたAちゃんの姿についても、改めて考えてみる必要があります。あそびのな

かでの行動がとっさに出てしまったのかもしれません。あるいは、食べられると思って思わず手を引いてしまったということも考えられます。当然のことながら、Aちゃんはあくまでも食べられることを知っているAちゃんの視点をもちながらおだんごぱんを演じていたことになります。すぐに食べられ直すことができたのは、単に"お話の通り"にしなければいけないということを思い出しただけなのでしょうか。動作化において、食べられることを知らないおだんごぱんの視点を意識し始めていたと捉えられるのではないでしょうか。

　さらに、おだんごぱんを演じながらも、キツネとのやりとりや食べられることをおもしろいと感じ、笑ってしまうAちゃんの姿も興味深いものです。この点でいえばまさにAちゃんの視点でおだんごぱんを楽しんでいるといえます。「劇」とは違い、それも大いに認められるのが、私たちの考える動作化なのです。

　また、研究授業では、動作化を終えた後にことばで話し合う時間をとりました。動作化では生きいきとことばを発していた子どもたちでしたが、"お話の世界"から一歩身をひいたこの活動のなかではことばが出づらくなり、特にAちゃんは問いに答えることがほとんどできませんでした。また、動作化では他の子

の様子も楽しんで見ることができていましたが、この活動では他の子の意見を聞くということは難しいようでした。すでにおだんごぱんが大好きになっていた子どもたちは、仲間が演じるおだんごぱんには興味津々で、Aちゃんは、他の子が演じるおだんごぱんが食べられる場面でも、期待の笑みをあふれさせながら見ていました。他の子どものことばを聞くだけでなく、お話に沿って次の展開を楽しみにしながら、動きやせりふを見聞きするからこそ楽しめたのでしょう。

　特に障害のある子どもの場合には、子どもが話を理解しているかどうかを確かめる方法として、質問に答えさせたり、書かせたりするというだけではなく、動作化における子どもの様子、登場人物のせりふとして発せられる子どもたちのことばから、一人ひとりの理解のありようを見極めていくという方法も大切なのではないかと思います。「動作化を楽しむ」というだけでは十分ではないかもしれませんが、動作化において、どの部分、どのやりとりをどのように楽しんでいるのかを見極めることによって、子どもたちがその絵本をどこまで、どのように理解しているのかを読み解き、評価することができるのではないでしょうか。また、評価する材料は授業の時間だけに限られるものではないのかもしれません。休

みんなで読む民話『おだんごぱん』　57

み時間に"おだんごぱん追いかけっこ"
をするＡちゃんの姿が教えてくれること
もありました。

　自分自身のことばで整理し、表しきれ
ない子どもたちが、動作化という活動の
なかで、登場人物の動きやことばを借り
て表現する。指導者側が、その表現を
もって評価する。その時指導者には、ま
だ不十分な子どもの表現から、考えや
理解の程度などを読みとる力が求めら
れるでしょう。実践を積み重ねていくこ
とで、この点について確かめ、主張して
いくことが、今後の課題です。

おわりに

　『おだんごぱん』を読み終えた後も子
どもたちと民話を読みたいと考え、『お
おかみと七ひきのこやぎ』（グリム童話
フェリクス・ホフマン：絵、瀬田貞二：訳、
福音館書店）にとりくみました。Ａちゃ
んはこの時にも、くり返し動作化するな
かで少しずつことばを増やしていきまし
た。そのうち、こやぎ役の時、絵本には
ない「おかあさんかもしれない」という
ことばを発しながら扉を開けるようにな
りました。日常の場面では、やはり自分
ではない他者の視点に立つことが難し
かったＡちゃんでしたが、このお話のな
かでは、読み手である自分の知っている

こと─扉の向こうにいるのはお母さんで
はなくおおかみであること─を知らない
こやぎの視点を意識し、自らせりふにし
て表すことができたのです。この時にも
"お話の力"を確信しました。

　『おだんごぱん』はたくさんのおもし
ろさを含んでおり、読めば読むほど発見
があり、味わい深く、楽しくなっていく
絵本でした。『おおかみと七ひきのこや
ぎ』にも同じことがいえます。そこにこ
れらの絵本の価値、さらには民話という
教材の価値があるといえます。

　目の前の子どもたちに、その価値のす
べてを、一つの教材で、一度に手渡すこ
とはできないかもしれません。けれども、
それを理由に民話への道を閉ざしたくあ
りません。お話の核となる部分は外して
はいけないと思いつつ、時には本筋から
外れたり、一点に注目して楽しんだりす
るような、自閉症の子の「その子なりの
楽しみ方」も大切にしたいと思います。
今回のＡちゃんの姿は、確かに"Ａちゃ
んなり"ではあったものの、お話の核心
に迫っていたのではないでしょうか。

　私たちには想像もできないような多く
の不安のなかで生きているＡちゃん。障
害からくる制約も多く抱えています。そ
んなＡちゃんの、絵本という文化を受け
とった時の、あのキラキラとした笑顔を
忘れたくないと思います。

実 践
地域を学び、地域に学ぶ

理科／社会科
「わたしたちのくらしとしごと」の実践から

京都府立与謝の海支援学校
石田　誠
Ishida Makoto

はじめに

　私の担当する学習グループの生徒に、緘黙傾向があり、普段は50音の文字盤を押さえて自分の思いを伝えてくれる生徒がいます。ここで記す実践記録の授業からちょうど1年たったある秋の日の休み時間、誰かに肩を叩かれて振り返ると、そこには彼が立っていました。文字盤を差し出し、おもむろに「ちくわべきょうした」とゆっくり文字を押さえ、にっこりと微笑みながら私の目を見ています。少しの間考えて、「あぁ、去年学習した、ちくわのことを言っているんだな」と気づきました。彼はその場面の状況に合わせたことを伝えてくれることはよくありましたが、唐突に去年のできごとを話題にしたので、こちらが思い出す

のに少し時間がかかってしまいました。「そうや、ちくわの勉強したなぁ！」「去年の今頃やったね！」と私が言うと、「たのしかった」と続けて文字盤を押さえました。季節の巡りを感じ、去年の学習を思い出し、そのことを私に伝えてくれたのだな……。その日1日、私はとてもほっこりしたうれしい気持ちになり、放課後、職員室に戻ってからすぐに、パソコンに入っているそのときの写真を眺めていました。

　私は現在、南北に長い京都府の北部に位置し、日本三景天の橋立を眼下に見下ろす京都府立与謝の海支援学校の中学部の、比較的軽度の知的障害の生徒たち（発達的には5歳頃〜9歳頃）を担任しています。この実態の子どもたちの学級は3学級あり、毎年20名前後の

生徒たちが在籍し、学級を越えた学習グループを編制し、日々の学習に取り組んでいます。学級独自で取り組む学習や活動もあれば、全員で取り組む学習もあったり、発達課題別の学習グループに分かれて取り組む学習もあったりします。日常的には、この３学級の生徒たちみんなを、３学級の担任集団みんなで指導しているといえます。一昨年、私はこの中の８名の学習グループの理科／社会科の授業（子どもたちには「生活」という授業名を伝えています）の担当をし、実践をしました。その２学期のはじめ、９月から10月の２か月間にわたって取り組んだ、「わたしたちのくらしとしごと」の単元の授業づくりを通して、子どもたちの姿から学んだことを記していきたいと思います。

1. 理科／社会科の授業に込めた思い

⑴なぜ、「わたしたちのくらしとしごと」なのか

発達面では５〜６歳頃を越えており、生活年齢が思春期に入っているこのグループの子どもたちにとって、「新たな世界との出会い」を、いつも大事にしていこうということを、担任指導者集団では常に確認してきました。特に、中学部

の理科や社会科の学習の中では、今目の前に見て捉えることはできないけれども、確かに存在する自然の世界の不思議、または社会の中に存在する様々なものとの出会いが、自分たちの日常生活を新たな目で見直すきっかけになり、さらにそのことが新しい世界への興味関心の広がりにつながると考えてきました。

子どもたちは、毎日学校に通ってきます。校舎からは天の橋立を真横に見下ろすことができ、晴れた朝には阿蘇海という内海がキラキラ輝いている、自然豊かな場所にあります。毎日見慣れた日本三景の天の橋立について順序立てて学習し、自分たちの通う学校のある「地域」について、新たな目で捉え直し、次の「発見」に向けた意欲を育てて欲しいという思いをもちました。では、その「地域」をどの切り口から学習するのか。この地域には、「日本三景、天の橋立」という観光資源を活かした「観光業」を生業とされている方々が多く暮らしています。その地域で働き暮らすということを、実際に身体を運び、目で見て、手で触れて学んで欲しいという思いから、「わたしたちのくらしとしごと」という単元を構想しました。

⑵導入はこってり、わいわいと‼

第１次の導入では、みんながどれくら

60　実践

単元学習計画（合計8時間）

	指導内容	時間	学習内容及び指導のねらい
第1次	・職業、産業の理解 ・地域と産業の関係の 　理解	第1時	・さまざまな職業、産業について、第一次〜第三 　次産業まで分類し、その特徴を考える。
		第2時	・地域の特徴と観光業について、その関連を考える。
第2次	・地域の特色を生かした 　産業の理解 ・特産物についての理解	第1時	・この地域の観光資源についてや、その特色を生 　かした観光業について知る。 ・地域の特産物について理解する。
第3次	・校外学習事前学習	第1時	・土産物店への見学について見通しをもち、店主 　への質問等を考える。
	・土産物店の見学 ・ちくわづくり ・学習のまとめ	第2・ 3時	・知りたいことを意識し、土産物店を見学する。
		第4時	・見学したことを振り返り、ちくわづくりをする。
		第5時	・本単元で学習したことをまとめる。

い「仕事」に対して知識をもっているのかを知り合うことと同時に、その「仕事（職業、産業）」には分類とその理由があることに気づいてほしいと、授業を組み立てました。子どもたちに、「知っている仕事について、挙げてみよう」と問いかけると、次々に手が挙がり、口々に答えていきます。「看護師さん」「漁師さん」「大工さん」「パティシエ」などなど。さらには、「ユーチューバー」という答えまで。ここまでは、わいわい盛り上がる展開に。黒板に板書した「仕事」に、①から③まで私が番号を振っていきます。不思議そうな表情でそれを見守る生徒たち。番号を書き終えた私は、「これは、仕事を①の仲間、②の仲間、③の仲間に分けたものです。どうしてこの仲間分けになっているでしょう？」と問

いかけました。一瞬静まりかえる教室。みんなが「う〜ん……」と頭をフル回転させて考えているのがよくわかります。そして、4人ずつのグループに分かれて話し合うことにしました。

　分類の番号は、①が第一次産業、②が第二次産業、③が第三次産業です。黒板をにらみながら、それぞれのグループからとても面白いつぶやきが聞こえます。「③が多いなぁ」「①って自然と関係あるんちゃう？（農業や漁師さんを見て）」「わかった、①は物をとる仕事！」「じゃあ、②は物をつくる系かな？」「③は、①と②以外のものが、ごちゃまぜになっている気がする」など。どれも、子どもたちが考えたもので、話せば話すほど、その理由を浮き上がらせるものになっていきました。こってりと話し合っ

地域を学び、地域に学ぶ　61

た最後に、それぞれの産業の分類の理由を発表すると、子どもたち8人とも、「なるほど」と膝を打ち、実感を伴った理解をして「納得」した様子でした。

(3)「観光業」って何??

第2次では、子どもたちの暮らす丹後地域や、本校のある天の橋立周辺は「観光業」が盛んであることに目を向け、「丹後地域と観光業」へと視点を絞り学習を進めていきました。まずは具体的な地域の観光業の内容について、地図や観光パンフレットなどをテキストにしながら考えていきました。

海のある丹後地域では、海産物を取り扱う土産物店が多いこと（蟹や牡蠣など）、観光列車（丹後鉄道）が走っていること、旅館や民宿が多いことなどに気づき、普段当たり前に見ている地域の景色を、「観光業」という視点から絞り込み、改めて見直す子どもたちの様子がありました。授業が終わった後に、いつものんびり屋さんの男の子が、実感を込めてつぶやきました。「丹後って、ええとこやったんやな〜」。

(4) 見て、聞いて、触って、食べて!!

いよいよ単元の山です。第3次では、実際に天の橋立を見下ろす「股のぞき」の名所、傘松ケーブル駅近辺の土産物店を見学し、そこで売られる特産物、「橋立の黒ちくわ」を手づくりされている店主の思いを聴くためにフィールドワークに出かけることを計画しました。また、その後にはそこで教えてもらい、経験したちくわづくりの活動を思い出し、自分たちでちくわをつくる活動を通して、働くことの喜びや大変さなどについて考え、この単元を締めくくっていこうと考えました。土産物店に行く事前学習では、「ちくわについて」「仕事について」「地域について」の3つの視点から質問を考えました。しかし、予想よりも質問を考えることに苦労する生徒の姿が見られました。

路線バスに乗り出かけた土産物店。

学校からはバスで10分の距離です。事前にお願いしていた店主のおじさんは、とてもやさしく、ていねいに子どもたちにちくわづくりを教えてくれます。「ちくわ＝竹輪」の名の通り、細い竹の棒に、すりつぶしたタラや沖ぎすなどの魚肉に、山芋などのいくつかのつなぎの入ったタネを巻いていきます。手に水をつけすぎると、タネがゆるくなり、うまく竹棒に巻きつきません。みんなは簡単にできると思っていたのでしょうが、なかなかうまくいかないタネづけに苦戦しながらも、その楽しさから粘り強く取り組んでいます。さらには、どうすれば上手にちくわの形ができるのかを、店主のおじさんの手つきをよく見て、試行錯誤しています。何度か失敗を重ねながらも、チャレンジを繰り返し、自分の試食分のちくわをつくり上げていきました。専用のグリルで焼いていく様子をその場でじっと見つめます。焼きたてのほくほくのちくわに、ちくわが苦手と言っていた生徒も、「うまい！」と大興奮でした。

実際のちくわづくりを目の当たりにし、作らせていただいたこと、試食をさせていただいたことが、まさに子どもたちの知的好奇心を掻きたてることになったのか、その後の質問の時間では、事前学習では考えつかなかったような質問が次々と飛び出し、時間いっぱいおじさんに答えてもらうことができました。実際に使われているちくわの竹をいただき、学校でちくわをつくることに期待を膨らませながら帰路につきました。

(5) もう一度、自分たちでちくわをつくろう!!

見学から帰った翌週、「見学で学んだことを活かして、ちくわをつくろう」をねらいに、学校でのちくわづくりに取り組みました。レシピ、手順書などはあえて準備しないことによって、見学先での経験を思い出すこと、自分たちで次に何をすべきか考えること、協力しあい助けあうことを大事にしようとちくわづくりをスタートしました。

地域を学び、地域に学ぶ　63

まずは、ペアでタネを作っていきます。フードプロセッサーに魚とつなぎを入れてすり身にしていきます。何度もふたを開けては、「まだ固いな」「もう少しかな」と見学で触ったタネの感触の記憶を頼りに、タネを仕上げていきます。そのタネを、手に水をつけながら竹棒に巻いていきますが、そこでは前回苦戦した成果か、驚くほど美しく、均一の厚さで竹棒に巻いていき、あまりのできに、思わず「貴重なちくわや！」「プロみたいやろ！」と自分の作ったちくわを誇らしげに見せる子どもたちの姿がありました。炭火で焼くのですが、その待ち時間にうれしくて、歌を歌い出す子どももいました。

いよいよ試食です。「お店よりおいしい！」「いや、ちょっと固いな。やっぱりプロはすごい」などなど、子どもたちがそれぞれに感想を言い合いながら食べています。自然と気持ちが言える授業になったこと、子どもたちのうれしそうな表情を見ながら、私もうれしい気持ちになりました。

この単元の終わりに、その余韻にひたりながら、土産物店の店主に報告しようという主旨で、手紙を書きました。「ちくわには、たらや沖ぎすなどの魚が使われていることがわかりました」「教えてもらったことを生かしてうまくちくわを作ることができました」「竹にさっきん（殺菌）成分があるなんてはじめて知りました」「天の橋立に1年で40万人もお客さんが来るなんて驚きました」「大きくなったら松屋（見学をした土産物店）で働きたいです」など、子どもたちの瑞々しい思いが溢れる手紙に、店主のおじさんも喜んでおられました。

2. ヒロくんのちくわづくり

(1) ヒロくんとの出会い

ヒロくんは、全校生徒30名足らずの小さな小学校で6年間を過ごし、与謝の海の中学部に入学してきた自閉症スペクトラムの生徒です（発達的には8歳頃の力を豊かにする段階）。よく一人言を話し、教室の中をくるくる回っていたり、休み時間には、粘土で非常に精巧な人形を作って遊んだり、厚紙で本物そっくりのiphoneを作って遊んだりすることが好きです。授業には参加をしますが、教室内をウロウロし、活動が始ま

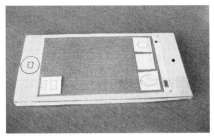

ると「僕はみんなとは勉強しません！」と大きな声を出す姿が当初時々がありました。特に、音楽や体育等、集団で活動することには、抵抗が強かったように思います。

　私がヒロくんとはじめて出会った4月。学習グループで担当をすることになり、始めて話しかけたとき、フッと素通りをされたことを覚えています。また、同じ時間、ヒロくんの計算プリントを採点し、「ここが間違っていたよ」と返すと、「はやく○をしやがれ、この野郎！」と怒鳴られた思い出があります。そのとき隣にいた、ヒロくんを昨年度から担任している先生は、穏やかな笑みを浮かべてその様子を見守っていました。授業の後、その先生に話を聴くと、「大丈夫。ヒロはいろいろわかっているし、自分で言った後、しまったとも思っている。本当にかしこくなってきたんやで」と言ってもらい、「根気よくつきあおう！」と気持ちを新たにしました。

(2)ヒロくんとの授業——音楽の1コマ

　偶然なことに、ヒロくんのもっとも苦手な音楽を中心指導で担当することになりました。七夕音楽祭に向けて、絢香の「にじいろ」の歌と合奏に取り組むことになりました。みんなそれぞれに、木琴、鉄琴、ピアニカ、打楽器等、自分の楽器を選んでいく中、固まるヒロくん。意志を尋ねると、「僕は出ません」の一点張りでした。そこで、ヒロくんの担任の先生と前日に相談した作戦が登場します。その先生は、「ヒロは、出ないというけれど、出たくないわけではないと思うよ」。私も、その先生と同感でした。なぜなら、「にじいろ」の歌練習のときに、教室の隅に隠れながらも、メロディーに合わせて、見事に壁をとてもよいリズム感で、リズム打ちしていたからです。続けて私は言います。「ヒロくんは一人で歌うのが好き。そこを尊重しつつ、みんなの中でそれが実現できるパートが合奏にもあるよ」。それは、バンドをバックに歌うボーカルです。私は本物のマイ

地域を学び、地域に学ぶ　　65

クを差し出し、「ヒロくん、ボーカルはどう？」と聴くと、「しません！」。しかし、次の瞬間、みんなのそばまできて、マイクを握り、高らかに声を出す姿が！　ちなみに、練習参加はその時間に絶対に1回しかしませんでしたが、本番はステージに立ち、高らかに歌い上げるヒロくんの姿がありました。

⑶仲良くなるには

　そんな日々を過ごしつつも、普段話しかけてもなかなか会話にならない日々が続きます。なんとか仲良くなりたいという性分でじっとしていられず、ある作戦を考えてみました。ヒロくんはパソコンが大好き。ウィンドウズとアップルという、2大OSメーカーに強い興味をもってます。ある日、ヒロくんに話しかけるときに、「お～い、ジョブズ」と言うと、なんと初めて「ん？」と反応を示し、こっちを見てくれました。「それはスティーブ・ジョブズのことか？」「（私が驚きながら）うん、そうそう」……と会話が普通に続いていきます。それからは、時々変化球で、「お～い、ゲイツ」「それはウィンドウズだろ？」などツッコミまで飛び出すようになり、少しずつ楽しい会話が広がっていきました。向こうから話しかけてくることは少ないのですが、それでもこちらから話しかけたり、ふざけてく

すぐったりすると、よく話し、遊べるようになってきました。

　もちろん昨年からの積み重ね、いろいろなことがヒロくんの心の中に溜まっていったのでしょう。様々な授業や日常生活の中で、2学期以降でしょうか、友だちとの活動もほとんど抵抗もなくなり、声を荒げる姿が減っていきました。そんな中、2学期の「ちくわづくり」の授業では、本当に感動的な姿を見せてくれました。

⑷「地域に学び、地域を学ぶ」
──ちくわづくりでのヒロくん
①ユーチューバー！

　冒頭でも述べましたが、ヒロくんを含めた学習集団の子どもたちが興味をもち、自分たちで考え、生きいきと協力して活動し、そして自分の世界を新たな目で捉え直していく授業を「理科／社会」では大事にしたいと考えていましたが、一番そうあってほしい！　と考えたのはヒロくんでした。

　導入での「知っている仕事を挙げよう」の学習では、ヒロくんはじっと沈黙した後に、「ユーチューバー」と答えました。授業の中では、彼の発言した「ユーチューバー」は何次産業か！で、議論が盛り上がることになり、その中で、「第一次産業でも第二次産業でもないのが

第三次産業」という結論に至りました。

②ロボットはありますか？

　土産物店への見学の事前学習として、見学で聞いてみたいことを出し合う学習の時間のことです。現場に行っていない子どもたちにとって、少し難しい学習となり、なかなか質問が出ず沈黙が続きました。事前に、工房があることや、ちくわを手作りしていることなどを伝えはしたのですが、子どもたちにとってはイメージをすることが難しかったようです。そんな沈黙をやぶったのはなんとヒロくんです。急にすっくと立ち上がり、「ロボットはありますか？」と質問内容を述べたのでした。周りのみんなはそれを聞いて「なるほど」といったような顔をしていました。

③見学先で

　迎えた見学の当日。お店につき、その向かいにある小さな工房に通されました。そこにはなんと、大量の魚をすり身にする大きな電動のウスがありました。そこに釘付けになり、目を輝かせるヒロくん。そのあと、実際に竹棒に魚のすり身を巻いていく作業をするときには、以前はあれほど一人で作業がしたい、みんなとはしないと言っていたヒロくんが、友だちのタネを巻いている姿をジッ

と見つめたり、焼く順番を穏やかに待ったりしているのです。その姿に、ただただうれしい気持ちになりました。

④「ゴールドブレンドだな！」

　いよいよちくわづくりの授業です。ヒロくんはペアになった友だちがミキサーで魚をすりつぶしているのをじっと見つめます。そしてでき上がったタネを触り、一言、「ゴールドブレンドだな！」あるコーヒーメーカーの商品名でしょうか。しかし、うれしそうな顔でそうつぶやくヒロくんの顔と、その言葉には、まさに「自分たちで作っている」といった充実感や、その友だちと一緒に作っているちくわ（混ぜる＝ブレンド）への価値（＝ゴールド）がいっぱい詰まっているように見えました。もともと手先がとても器用なヒロくんは、見た目にもとても美しいちくわを焼き上げました。みんなから、「さすがヒロくん、すごいな〜」と口々に声をかけられ、まんざらでもない表情を浮かべるのでした。この授業を通じ、終始楽しそうに、友だちと一緒に活動するヒロくんの姿は、まさにゴールドに輝いていました。

⑤「不安定だったけど、おいしくできました。」

　土産物屋のおじさんへの手紙を書く学習です。ヒロくんは、手紙にこう書き

地域を学び、地域に学ぶ　67

ました。「不安定だったけど、おいしくできました。」何が不安定だったのでしょうか。そのときの気分は実はしんどかったのだろうか？　放課後の職員室、ヒロくんの担任の先生とこのことを話題にすると、その先生はこう言います。「ヒロはめちゃくちゃ楽しかったんちがう？これは、竹の棒からタネがとれそうで、それを言ってるんやと思うで！」やっぱりそうだよな！　この先生の言葉を聞いてうれしくなりました。子どもの書く文章、発する言葉、それをどう捉えるのか。こうした捉え方のできる先生と一緒に仕事ができるのはなんて幸せなことだろうと感じた、放課後の会話でした。「ヒロくんのちくわの味、きっと今まで食べた中で一番だったんだろうな〜」授業を振り返っては、しばらく談笑していました。

3. まとめにかえて

　日本三景、天の橋立。今回の学習の舞台であり、私が子どもたちと共に「学びたい！」と感じ、教材化した地域。ケーブルカーに揺られること10分弱。その山の頂上では、「股のぞき（足を開いてその間から逆さま状態で顔を出して天の橋立を見ること）」をすることができます。昔の人は、普段悠々と海に横たわる天の橋立が、「股のぞき」をすること

で天と地が逆さまになり、「龍が天を舞い上がる」様に見えるとして、「飛龍観」と呼びました。

　今回、ヒロくんをはじめとしたこのグループの子どもたちは、普段当たり前に見てきた風景を、まさに「股のぞき」をするかのように、「新たな発見」をしながら捉え直すことができたのではないでしょうか。彼らの数々のつぶやきからそう実感しています。そのためにはただ知識を得ていくだけではなく、「仲間」とともに「考える」こと、ちくわという「本物」に、自分たちの目で見て、耳で聞いて、手で触れたことがとても重要だったのではないかと考えます。私自身、地域で暮らし、働く人の息遣いに直に触れ、そして大切に紡がれてきた「ちくわづくり」という文化に触れたこと、とても面白く、美味しい学びでした。冒頭で触れたように、時間がたっても彼らの記憶にとどまるようなそんな学習を、学校時代にたくさん積み重ねていってほしいと思います。子どもたちが意欲をもって取り組むことができ、学ぶ喜びのある授業とは何か。その授業を通して私たちは子どもに何を伝え、どんな力を育てたいのか。仲間と子どもと語り合いながら、子どもも私たち自身も楽しく、思いを紡いでいくように実践をしたいと思います。

実 践

自閉スペクトラム症青年がつむぐ人間関係
高等部専攻科の「お笑いコント」づくりを通して

鳥取大学附属特別支援学校
澤田 淳太郎
Sawada Juntarou

1. 鳥取大学附属特別支援学校 高等部専攻科について

鳥取大学附属特別支援学校は1978（昭和53）年に開校した知的障害特別支援学校です。児童生徒の「人格的自立」をめざし、「生活を楽しむ子の育成」を学校目標に掲げています。児童生徒が気持ちを循環させながら自己肯定感を膨らませていく内発的で主体的な過程である「自己運動」（図1）を循環させること＝「自分づくり」を大切にした実践を進めています。

本校は国公立知的障害特別支援学校で唯一専攻科を設置しています。2006年に設置して以来、「子どもから大人へ」「学校から社会へ」という二重の移行支援を理念としています。その理念

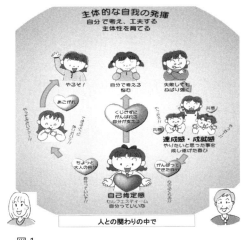

図1

を実現するために、図2にあるような教育課程（5領域：くらし、研究ゼミ、労働、教養、余暇）を編成し、専攻科生が自治的に取り組む中（七転び八起きと表現しています）「自分づくり」をうながしています。

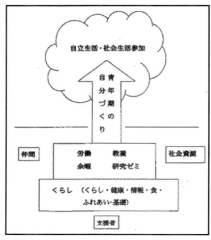

図2

2.「お笑い」コント実践に取り組むきっかけ

(1) 自閉スペクトラム症の人との関わりから

　私は、ここまでの教員人生のほとんどを特別支援学校で勤めており、自閉症や自閉的傾向の子どもたちと関わることが多かったです。その子たちと関わる中で常に気をつけていたのが「誤学習」しないようにすることやパニックをおこさないようにすることでした。構造化したり、スケジュールを示したりすることも確かに大切だと思いました。一方で、周りの先輩教師に教わりながら、担任した子どもたちと時間をかけて信頼関係を築く中で、「今、○○がしたいんじゃないか」など、だんだんと心通わせることができるようになっていくのを感じました。その経験を通して、私は子どもたちが「これしたい」とか「これ楽しい」と感じることができる実践をしていきたいと思うようになりました。

(2) 自閉スペクトラム症の青年2人との出会い

　今回紹介する実践は、鳥取大学附属特別支援学校高等部専攻科（以下、専攻科）の「くらし」という領域での実践です。私はこの学校で、印象的な自閉スペクトラム症の2人の青年と出会いました。その2人をここではAくん、Bくんと表現します。

　Aくんは気になることがあると、とにかく質問せずにはいられませんでした。ルールやマナーは「守らないといけない」と大変真面目です。ルールやマナーを守っていない人が気になり、そのことについて注意をします。また、緊張したり怖い思いをしたりすると、笑いが出てしまいます。駅や通学路等で出会う人（例えばサングラスをかけている人等）に対して怖いと感じて笑い、事情がわからないその人から怒られてしまうこともありました。学習したことを実践に移す実行力はすごくて、学習で校外へ行く経験をすると、休日に市外に出かけて過ごす等、「したい！」と感じたことをやりきります。

70　実践

郵便はがき

| 6 | 0 | 1 | - | 8 | 3 | 8 | 2 |

おそれいります
切手をお貼り
ください

京都市南区吉祥院
石原上川原町21

株式会社
クリエイツかもがわ
行

〒 □□□ - □□□□

....

....

TEL　　　　　　　E-mail※

(フリガナ)	年齢
氏　名	歳代

職　業

| メルマガ購読　□ する　　□ しない | ※E-mailを ご記入ください |

● ご記入いただいた個人情報は、小社が書籍情報・関連イベントの案内を送付するために使用し、責任をもって管理します。

愛読者カード

ご購読ありがとうございました。今後の出版企画の参考にさせていただきますので、お手数ですが、ご記入のうえ、ご投函くださいますようお願い申しあげます。

本のタイトル	本の入手先

この本を、どこでお知りになりましたか。
- ☐ 新聞・雑誌広告（掲載紙誌　　　　　　　　　　　）
- ☐ 書店で見て
- ☐ 人にすすめられて
- ☐ その他（　　　　　　　　　　　　　　　　　　）

ご感想・取り上げてほしいテーマなどご自由にお書きください。

追加書籍注文書

書名		冊数	
		冊数	
		冊数	

● 表面の 氏名、住所、電話番号を明記 して、ご注文ください。振込用紙同封にて本を送付いたします。代金は、本の到着後、お近くのゆうちょ銀行からお支払いください。
※愛読者カードからのご注文は送料(240円)無料でお送りします。
http://www.creates-k.co.jp/　HPの書籍案内・注文フォームもご利用ください。

こんな姿にすごいなあと感心させられる相撲好きの青年です。

もう一人のBくんは、「○○な場合はこうするもんだ」という自分なりの価値観をもっていました。一方で、時間や持ち物にはルーズという面もありました。いつも登校ギリギリに来るので、「もっと時間に余裕をもって来て」と言われると、ゆっくりと時計を指差して、「いまが（登校の）時間ですけど」とジャストその時間に来たことを静かに訴えます。また、持ち物の整理や管理がなかなか難しく、校外学習で忘れ物をすることがよくありました。関わりをもつ相手も、必要最低限といった感じで、他者に関心がないんじゃないかと思わされることもありましたが、自分の気持ちに素直にくめない青年です。

この2人は本校高等部本科（以下、高等部）で出会いました。何でも気になって質問するAくんに対して、Bくんは「今そんなこと聞くなよ！」とか「それ、さっきも聞いたろ？」と結構厳しい口調で言っていました。おそらくAくんはそんなBくんの言い方が怖かったり許せなかったりしたのではないかと思います。後になって思えば、お互いに認められない部分のある2人が出会ったので、ぶつからないわけがなかったのかもしれません。2人は高等部本科から専攻科に

かけて5年間一緒に過ごしました。高等部の頃からよく衝突していたように思います。この関係は保護者も教員も把握していました。

そんな状況での専攻科入学でした。2人はもとより、保護者も教員もみんなが「どうなるんだ……」と不安を感じながら専攻科生活のスタートをきりました。

⑶専攻科1年目に感じた2人の変化

専攻科に入学後もAくんが言うことにBくんが厳しくつっこむ関係がしばらく続きました。ただ、当時の温和な2年生2人との関係もあり、少しずつ柔らかい言い方になっていきました。

12月の研修旅行（この学習の中には、旅程計画の試行錯誤や、道に迷いながらの行程などもあります）では、Bくんが「厚切りジェイソン」というお笑い芸人のネタをクイズ中に使い、笑いをとりました。そういった経験もあり、無関心に見えていたBくんは徐々に自分の意図を相手に伝える場面が増えていき、Aくんはびくんを怖がらなくなっていきました。Aくんの変化が先か、Bくんの変化が先かは微妙です。ただ、同時期だったのは確かです。

そんな2人が興味をもつものに、意外と共通項があったのです。それは「ザ・ドリフターズ」（以下、ドリフ）でした。

自閉スペクトラム症青年がつむぐ人間関係　71

研修旅行後に地域の福祉施設に出し物を依頼され、何をするか話し合った時に発覚しました。役割分担で「志村をしたい」とか「じゃあ、ぼくがいかりやをしよう」とか、話し合いも盛り上がっていました。2人ともドリフのコントを見たことがあるようで、Aくんもコントを見ると楽しそうに笑っていました。

専攻科に関わる教員集団で、その変化に注目しました。

3.「お笑い」のステージをつくる

1年目の彼らの変容を踏まえ、また、新1年生も普段からお笑い番組の話で盛り上がっていたので、専攻科みんなで一つのものをつくりあげていく「創造的な活動」として「お笑い」の発表をつくる実践を始めました。

(1)専攻科合宿
──ふれあいまつりのステージ発表に向けて

9月の専攻科合宿（2泊3日で鳥取大学周辺を拠点に行動する合宿を自分たちで計画立てて実行する）の時に、翌月にある「ふれあいまつり」のステージ発表に何をするか話し合いました。AくんとBくんの意見が一致し、1年生も賛同したことで、昨年度経験した「お笑い＝楽

しいこと」の要素を取り入れた宣伝のステージ発表をすることに決まりました。

話し合いでは、お互いの意見を真剣な表情で聞きあったり、一緒にパソコンでお笑い動画を見て笑いあったりしました。

担任の先生は、発表中の会場の反応のよさに加え、まつり中に外部から来た「子どもたちが、演技した本人に向かって真似をするなど、喜んでいた様子が直接伝わることで、生徒たちは手ごたえを得ることができた」と振り返っておられます[1]。

この間にも、2人の関係性はいろいろな変化がありました。この年は2人ともリーダーをしたいということで、月交代のダブルリーダーでした。Bくんは夏休み前に自信をなくしているような姿を見せていました。リーダーの月に、春は意識していた仲間への声かけを忘れることが多く、まるでやる気がなくなってしまったように見えました。見通しをもっ

て、校外学習の予定や日々の生活についてリーダーとして指示を出すＡくんの姿と、周りのアドバイスを受けながら進める自分を比べて、自信をなくしていたのではないかと思います。

夏休みを挟み、このお笑いステージづくりから、Ｂくんは元気を取り戻しました。「お笑い」に関して、Ｂくんはみんなから一目置かれる存在でした。その中で中心になって話し合いを進めることで自信を取り戻していったのではないかと考えています。なにより、話し合いの様子からは、全員が「見る人を笑わせるぞ」という気持ちを、共有しながら（見ている人が笑うことが、自分たちにとっても楽しいこととして）取り組んでいるように見えました。

その後、Ｂくんは、12月の研修旅行に向けて、新聞広告に出ていた自分の好きな「恐竜展」を何気なくホワイトボードに貼ってアピールしたり、専攻科主事の先生に「いいネタをみつけました」と写メールを送ったりするようになりました。

⑵研修旅行に向けたコントづくりにて

ふれあいまつり後も、生徒たちが「お笑い」のステージをつくりたい気持ちをもっていると感じ、研修旅行では「お笑いコント」づくりを行うことにしました。

専攻科では、普段から様々な人と関わりながら豊かなくらしをしようとする青年を育成しようと、鳥取大学や鳥取短期大学の学生等、同世代の学生との交流を行っています。研修旅行では、県外の専攻科（学びの作業所、福祉事業型専攻科を含む）生徒との交流をその一つとして設定しています。

交流の内容は、自己紹介やそれぞれの地域・学校の紹介、茶話タイム等です。鳥取の紹介で「お笑い」コントをしようと考えました。この単元でねらっていたのは以下のようなことです。

・誰かに見せるという他者意識をもちながら計画する（自己客観視につながるのでは）。
・仲間と試行錯誤しながらどうすれば面白くなるかを考える（意見を言い合う。こうした方が面白くなるんじゃないかと笑いの価値観をぶつけあう。その中で気持ちを調整していくのでは）。
・話し合う中で、相手（仲間であったり、見ている人であったり）への理解を深めていく。

---

①お笑いのポイントを考える
──プロの技から考える

最初に取り組んだのは、みんながおもしろくて笑っているお笑いのプロの動画を見ながらおもしろいと感じるポイン

自閉スペクトラム症青年がつむぐ人間関係　73

トを考えました。まず、専攻科生がおも しろいと感じそうで、かつ人を物理的に も心理的にも、極力傷つけないような内 容のものを選んで一緒に見ました（「ド リフ」「イロモネア」「レッドカーペット」 等）。この活動では、生徒が好きな「お 笑い」ネタの傾向を知ることをねらって いましたが、結果として、生徒がいろい ろな「お笑い」のスタイルを知るきっか けとなりました。専攻科生たちは、２人 以上で役割分担のあるようなネタがわ かりやすく、好きな様子でした。

　生徒が見つけたおもしろくするポイン トは、①見ている人へのわかりやすさ、 ②表情や動きの速さや大きさの工夫、 ③言い方の工夫、④「なんで！」という 意外性でした。おもしろくするための ポイントがわかれば、試したくなります。 そこで、次の時間には、校内にある物を 集めたり様々な機器を使えるようにした りして、自由にネタをつくってみました。 できたネタは、様々な物を使ってボケる モノボケ（シャベルを頭に当ててウサギ、 口に牙のように当ててセイウチ等）やア ニメの場面の再現（エヴァンゲリオンの 出撃シーンをスクーターボードと音響を 使って等）、画用紙に絵を描く絵ネタ（こ んな「君の名は」は嫌だ。「前前前世」 ではなく「ありのままで」が流れている 等）。ここでＡくんはＢくんに頼んでコ

ンビを組み、「ドリフ」の学校ネタを行 いました。そうした経験をする中で、教 師も含めて、お笑いには「つかみ（フリ） →本題→オチ」という型があることに気 づきました。

　これらの姿から、専攻科生みんなが、 いろいろなネタをつくってみたかったの だなあと感じるとともに、だれかに何か を仕掛けていきたい気持ちを結構もって いることを感じました。

②誰に披露するか確認し、ネタを話し合う ——鳥取を紹介する「お笑いコント」を編み出す

　ここまでの学習の流れを受けて、研修 旅行で交流する人に披露するコントづく りをしていくことをみんなと確認しまし た。誰にどういった内容のものを伝えて いくのかという視点があることで、ネタ をつくる時の焦点が絞りやすくなると感 じました。

　みんなが考えたネタは、いなばの白ウ サギを「シャーク＆ラビット」という人 形コントのネタにすること、交流先に怪 盗が現れて名探偵コナンが解決する寸 劇、「ゲゲゲの鬼太郎」をトレンディエ ンジェルの斉藤さんにして、「ぺぺぺの ぺ太郎」にする等といったものです。

　これらの意見を出すうちに、相手を笑 わせるためのポイントを先述の４つに加 えて、⑤突然起こること、⑥「何か起こ

74　実践

りそう」「こうなるんじゃないか」という期待感もあると話し合いました。

話し合いの結果、最初は5人全員でコントをつくることにしました。

③コントをつくってみる──まずは全員で考える

つくったのは名探偵コナンの設定のコントです。コナンの推理の中にいろいろな「お笑い」の要素を入れました。初めてだったので、生徒が台本の作り方を意識できるように、教師がホワイトボードに出てきたアイデアを台本となるように板書しました。同時に教師も生徒と同じ立場で意見しました。生徒に違う年代の人の意見を知ってほしいことと、年代が違っても同じように笑える部分があることを感じてほしかったからです。話し合い自体もお笑いのようにかけ合いながら、次々意見が出てきました。

完成したコントは、言い間違い等の言葉遊びが入っていたり、アニメの場面をオマージュしたりしながら、5人がかけ合っていくものでした。

この「コナンコント」をビデオで振り返りました。お笑いのネタを検討するのですが、みんなが真剣にビデオを見返しネタを検証していました。Aくんは、あまりにも下品な内容になるとおもしろくない人がいるかもしれないという視点で、Bくんはもっと見ている人が笑えるようにするためのポイント（伝える声の大きさや、ずっこけ方等）で、みんなが「なるほど」と納得するような意見を出していました。そんな振り返りの様子から、生徒たちはもっと別のコントをつくりたいと思っていると感じ、今度はグループに分かれて新たなコントづくりをすることにしました。グループごとでコントをつくる際には、コナンコントで試した台本作りが生かされていました。それぞれが、メモ用紙やルーズリーフにネタを書き込んでいきます。自分が書いた内容を仲間に説明しながら意見交換する姿に、文字に表すことの大切さを感じました。

④グループに分かれてコントをつくる ──価値観のぶつかり合いを越えて

グループは生徒自身がつくりたいコントの志向が合う人と組むことになりました。そして、AくんとBくんは「ドリフ」みたいなコントをつくりたいとコンビになりました。Aくんが積極的にBくんを

誘い、Bくんもすぐに了解し、コンビ結成です。

2人で話し合い、基本設定を「学校コント」にすること、役割、それぞれに考えたネタを最終的に合わせてつくることを決めました。コント完成の過程で、以前とは違う形で気持ちをぶつけ合う2人の姿が見られました。

それは、グループでのコントづくりを開始した時間でした。話し合いが進むうちに、鳥取中部地震があったけど元気であることを伝えたいAくん、自分の笑いの価値観で地震のことを入れることに難色を示すBくんの話し合いがヒートアップしていきます。次第にBくんは言い方がきつくなり、それに対して「Bくん言い方がきついで。言っとくけど……怒りすぎなんじゃないの？」とAくんは言うようになります。しかし、Bくんは「あんたが怒らせるんだよ」と返します。

そんな中、2人の隣でコントをつくっていた1年生のグループがネタとして「ヘビ」を使うことを話し合っていました。それが聞こえたAくんは「ヘビの話はなし。ヘビは怖いからいけない」と誰とはなしに、しかしみんなに聞こえるように言います。それを聞いていたBくんは、Aくんの方を見たり台本に目を向けたりしながら、しばらく考えます。そして、意を決したのか、「むこうはむこう。何のネタやるかは勝手でいいんだよ！口出し出さない！」とAくんに向けて言います。その表情は「何言っているんだ?!」という攻撃的なものではなく、どこか「しかたないな」と若干諭そうとしているようにも見えました。口調も最初は抑え目でした。そして、頭を片手で掻きながら、「はあ、また寿命が縮んだぁ」と言います。Bくんの発言を聞きながら、Aくんも頭を掻きながら黙って鉛筆で台本のチェックを続けます。

そして、Aくんはコントのネタの話に戻ります。「鳥取といえば、ぜひ載せたいのは相撲のこと」と切り出すと、Bく

んはすかさず「また力士」と突っ込みます。それに対してＡくんは「鳥取は相撲。だから相撲のことも載せたいな」と、今度は教員に話しかけます。教員は２人で相談してみることを勧めます。

　Ａくんは話題を変えようと思ったのか、「志村くんってなんでよく怒られると思う？」とＢくんに向かって聞きます。Ａくんにとっては再びＢくんとのコントづくりに戻るための糸口だったのかもしれません。しかし、Ｂくんは「だから、あれボケなんだよ!!」と、苦笑いのような表情ですが、だんだん強い口調で言い始めます。言った後は「もう！」とでも言いたげに、再び頭を掻いています。少し間を置いて、Ａくんが「自分が一番（好きなのはと教員に言いかけて、体をＢくんの方に戻し)、志村くんがしょうじ破るの知っとるで」とドリフの話題を振りましたが、それと同時に、コントづくり終了の予定時間が来ました。Ｂくんは顔をしかめ、頭を抱えながら、教員に確認されてもう少し時間が必要なことを訴えます。

　終了時間を５分延ばすことにしました。同時に、コントの最終確認もするよう教員が話すと、Ａくんは「Ｂくん、これしよう」と台本をＢくんの方に出しながら伝えます。しかし、Ｂくんは「僕まだ考えてる途中なんだよ。邪魔しないでくれる!!」と顔をしかめながら返しました。その後、Ａくんは机上のタブレットを見ていましたが、たまりかねたのか、「Ｂくんはあんまり怒りすぎだに。楽しくいこうや、そこは、もう〜」とＢくんに言い返します。苦虫を噛み潰したような表情でＡくんに目を向けながら、胸をなでるＢくん。２人で楽しくなるように考えてみたらと教員に言われて、Ａくんは「本当に楽しくない。はっきり言って。もう〜、なんでＢくんはイライラするだあ。なぜ、そういうことになっちゃうんだろう」とがっかりした気持ちをＢくんにぶつけます。Ａくんもイライラしてい

自閉スペクトラム症青年がつむぐ人間関係　77

ることがよくわかりました。言われたB
くんは答えることなく台本作りに目を向
けました。そんな様子の2年生2人を、
1年生も「大丈夫かな?」と気にし始め
ます。

　そして、少しの間の後、Aくんから「鳥
取は元気ですっていうのは入れたい」と
コントづくりの話題を再び振ります。続
けて、「鳥取は元気です。というのを書
きたいので」と、教員なのかBくんなの
か、どちらにも聞こえるような声で言い
ます。それからしばらく沈黙が続きます。
台本に黙々と書き込むBくんに対して、
タブレットで動画を調べるAくん。しば
らく後に、たまりかねたのかAくんが「B
くんあんまり怒らんようにして。えらく
なっちゃう。本当に……。楽しくいこう
や」と、再度Bくんにぼやくように訴え
ます。それに対し、台本から顔を上げ、
顔をしかめて再び胸の辺りを撫で回すB
くん。

　ここで、お互いの気持ちが正しく伝
わっていないと感じて介入しました。2
人の気持ちはわかることを受け止めつ
つ、Bくんには言い方が問題ではないか
と指摘し、Aくんには␣Bくんが発言する
理由を考えてみることをアドバイスしま
した。2人はしばらく黙って自分の作業
を進めます。そして、時間が迫ってきて
いることに気づいたAくんが、「鳥取は

えらいですっていうのは、ちょっとそこ
はどうかなって思う……。鳥取はえらい
ですの「えらい」っていうのが、校長先
生みたいに「えらい」とかと思われちゃ
うから、鳥取はしんどいですがいいと思
うわ。そこは、確かにBくんの言うとお
りだわ」と伝えます。そして、「鳥取は
元気です」の短冊を作り、コントの最後
にその短冊を黒板に貼ることを提案しま
した。Aくんが「最後、黒板にそれ貼ろ
う。っていうのいい?」と確認すると、B
くんは「(ため息をつきながらも)うん」
と短く、しかし確かに答えます。これで
相談の区切りがついたようだったので、
ここで話し合いを終わりました。

　終了時は、AくんもBくんも表情は悪
くないです。Aくんは、自分の譲れない
ネタが、Bくんとのいざこざを乗り越え
て認められたことに安堵感があったので
はないかと考えています。

　一方Bくんですが、Aくんとのやりと
りをし、意見を取り入れながら、着々と
台本を書き進め、時間の終わりにはある
程度自分で納得できるものに仕上げま
した。その時間の発表に移るまでの間に、
教員にも見せに来ました。そして、最後
はAくんの求めに応じて、「鳥取は元気
です」の部分を練習します。その後も、
2人で話し合いを重ねたり、他の人のア
ドバイスを取り入れたりして、コントを

完成させました。研修旅行でのコント披露はたくさんの笑いを誘いました。Aくんは発表時に、笑いを取るごとに両手でガッツポーズをしていました。振り返りで、Bくんは笑いが多すぎて「愛想で笑ってくれたんじゃないか？」と疑いました。しかし、振り返りで笑う人たちの表情を見ることで、最終的には「悪くない」と感じたようです。

何より、研修旅行前の学習の中で、BくんはAくんの肩に手を回して1年生のコントを見る姿も見られたのです。その2人の姿を見て、どこかでお互いの考え方を受け止めながら話し合っていたことに気づきました。

4. 実践を通して感じたこと

この実践については多くの方に議論してもらいました。それらの内容を含めて感じたことです。

(1)「笑わせる」という文化のお笑いコントづくり

日本にも昔から生活の中に「お笑い」文化があるそうです（古事記に残る「天の岩戸」もそうらしいです）。私は、生徒たちもその文化の中に生きていると感じています。今回の実践を通して、社会性の障害といわれる自閉スペクトラム症の人もまた、自分から発信していきたい思いをもっていると感じました。確かに社会に出るにあたって覚えないといけないマナーやルールはあると思いますが、それが「こうでなければならない」といき過ぎて本人の中で強制力をもつようになると、その意識に縛られ苦しくなります。今回は、コントをつくる中で、一般的には「いけません」と注意を受けそうな、常識をくずしたようなことにあえて取り組みました。それが許される、普段と違う第3の空間で取り組むことで、ルールに厳しいAくんも、いかにおもしろがらせるかについて楽しみながら考えを深めていきました。Bくんや他の生徒も同様に、どうすればおもしろいかを追及していきました。そうした生徒たちの様子は、「笑わせたい」「おもしろくしたい」という気持ちの表れだったと思います。「お笑い」の実践では、自分が発信することで、相手に「笑う」という楽しい感情を呼び起こします。その

中で、今まであった「こうでなければいけない」という殻を破りました。それは、「笑わせる」という立場での受身ではない楽しさだったのだと思います。人を笑わせることで、自分もうれしい気持ちになりました。

　もちろん、何でも「お笑い」をすればいいのではないと思います。現在社会にある「お笑い」と呼ばれるものは多種多様であり、中には他者に対して暴力的、侮蔑的なものもあります。彼らが求めているのは、そういったものとは違う、みんなが生活の中に「そんなことあるある」と感じるような、他者を和ませるような内容のものでした。そこには、仲間や自分の「失敗があってもいいじゃない」とか「うまくできないことがあってもいいじゃない」といった「ありのまま」を受け止めていく思いがあったのではないかと感じています。そのあたりをよく見極めながらの教材研究が必要だと思いました。

⑵自閉スペクトラム症の人から教わる 人間関係

　自閉スペクトラム症の人たちにとって、トレーニング的な方法ばかりがコミュニケーションの力を育む手段ではないと思いました。

　後日談ですが、Aくんは自分が質問を

くり返すことに対して、「でも、気になって聞いちゃうんですよ」と困ったように教師に伝えてくることがありました。頼まれたことに対してBくんも「それ、僕は得意じゃないですから」と素直に断る場面がありました。実践の中で、2人は「こうでなければならない」という枠を超えながら、お互いの感じ方を変えていきました。そして、お互いの関係性が変わる中で、それぞれが自分を受け止め、その後の生活を送る姿が見られたと感じています。

　その後の生活で、2人の軋轢がまったくなかったわけではありませんが、以前のようにお互いを否定しあうのではなく、どこか「しかたないな」と理解しあいながら声を掛け合う関係になったと感じています。

　「おもしろい」「楽しい」を共有できる仲間がいて、「おもしろい」「楽しい」ことを通して意見をぶつけ合うことの大切さを2人から教わりました。これからも、生徒たちが生活を楽しめる実践を考えていきたいです。

【注】
1) 澤本英人（2017）「くらし（くらし）〜修了後の豊かな生活を目指して〜」『七転び八起きの「自分づくり」─知的障害青年期教育と高等部専攻科の挑戦』今井出版、42頁

実 践
教育実践と発達診断

特別支援学校
小川 真也
Ogawa Shinya

1. 良太君との出会い

　良太君は、知的障害を伴う自閉症という診断を受けている男の子です。私が勤める特別支援学校幼稚部に3歳児のときに入園してきました。

　入園当初の良太君は、きょろきょろと周囲を見つめ、室内を走り回っていました。明瞭な話し言葉はなく、走りながら時折、「あああ」「いぃ」といった声を表出していました。積木や木のボールなど、手のひらサイズの物を口に入れたり、なめたりする様子も見られました。

　私が「良太君」と呼びかけても振り向くことはありません。私が近付くと、さっとその場から離れていきます。しかし、私が良太君のそばで座っていると、そっと近付き、私の背中におぶさってきます。私だけではなく、周囲の大人の背中にくっつき、何度もおんぶを求めます。一方で、大人が良太君の正面から近付こうとすると、さっと体を背け、必ず大人の背中側に回り込みます。

　私はこうした良太君の姿を見て、「自分の正面から大人が近付くことに、何か怖さや不安を感じているのかもしれない」と考えました。まずは、良太君が求めてくる「おんぶ」に応じながら、かかわりの糸口を探ることにしました。

2.「おんぶ」の心地よさ、　楽しさを伝える

　入園当初の良太君は、誰にでもおんぶを求めていきました。私も、良太君がおんぶを求めてくれば、それに応じるこ

とを繰り返していました。

しかし、私におんぶをされている良太君の表情を鏡で見ると、何か晴れない、すっきりとしない表情をしていました。私は、「良太君は、おんぶだけを求めているのだろうか」、「ただ、おんぶをしていればいいのだろうか」、「良太君の本当のねがいは何だろうか」と考えるようになりました。そこで、良太君の応答をていねいに見つめながら、おんぶの仕方を変えてみることにしました。

(1) 歌いかけながらおんぶをする

私は、良太君に大人のかかわりを期待する力を育んでいきたいと考えていました。こうした力は、「次も〜してほしい」「もっと○○したい」という要求を生み出し、良太君が大人と結び付く力へと発展していくと考えたからです。

良太君が私におぶさりながら、私のかかわりを期待するためには、どのようにかかわればよいかを考えました。良太君が「〜の次には○○がくる。早く○○をしたい」といった思いを抱けるような何か繰り返しのあるようなかかわりが必要となります。そこで、私は歌を歌いかけながら、おんぶをしてみることにしました。歌う曲として「線路は続くよどこまでも」というアメリカの民謡を用いました。この曲は、当時、他の子どもが大

好きで毎日のように、園内で歌われていたからです。

良太君に歌いかけるときは、一つのフレーズが終わるたびに「ぽっぽー」とリズミカルに語りかけるとともに、立ち止まり、良太君を上下に動かすようにしました。具体的には、次のように歌いかけました。

「線路は続くよ　どこまでも　（ぽっぽー）　野を越え　山越え　谷越えて（ぽっぽー）　遥かな町まで　僕たちを（ぽっぽー）……」

このように歌いながらおんぶをすることを繰り返すと、良太君は、「ぽっぽー」の部分で「きゃきゃきゃ」と声を出して笑い、両手を上下に動かすようになりました。何度繰り返しても、良太君は、必ず「ぽっぽー」の部分で声を出すようになりました。私は、良太君が「ぽっぽー」を期待していることを感じました。

また、それまでは、近くにいた大人が誰であってもおんぶを求めていたのですが、歌いながらおんぶをすることを繰り返す中で、良太君は、私におんぶを要求することが増えました。きょろきょろと周囲を見渡し、私の姿が見えると走って近付き、私の手を握り、おんぶを要求するようになったのです。良太君がおんぶという行為を介して私とかかわるようになってきたことを感じました。

⑵「よーい、どん!」で走る

　私は、良太君がより大人のかかわりを期待し、大人とかかわることの心地よさや楽しさを感じてほしいと思いました。そこで、歌いながら良太君をおんぶすることに加え、良太君をおんぶしながら走ったり、止まったりすることにしました。

　また、私が走ったり、止まったりすることで良太君が周囲の物の見え方が変わることを感じたり、速度の変化を体感したりできるようにしたいと思いました。人や物と結び付く力を育み、外界への志向性を高めるという乳児期後半の発達課題を抱えている良太君にとって、物の見え方や速度の変化を感じることは、外界への興味・関心を広げることにもつながるのではないか、と考えていました。

　私は、良太君をおんぶし、「良太君、よーい、どん!って走ろう」と語りかけます。その後、「じゃあ、良太君。いくよ。位置について、よーい……」と言い、中腰姿勢になります。良太君にとっては、少し視線が下がることになります。次に、「どん!」と大きな声で掛け声をかけ、走り出します。すると、良太君は、「きゃきゃきゃ」と大きな声を出し、腕に風が当たることを楽しむかのように、両手を高く上げました。数か月ほど、こうした

おんぶをしながら走るという遊びを続けました。

　次に、私は、走り終わると、良太君を一度下ろし、スタート地点に走って戻ることにしました。良太君との距離を意図的に設けることで、「もっとおんぶをして!」という要求が高まり、より志向的に大人とかかわる力が育まれていくと考えたからです。良太君は、私を追いかけるかのように走って正面から私に近付き、私の手を握り、おんぶを要求するようになりました。私は、良太君が私(大人)とのかかわりを求める力が育まれてきたこと、自分の要求を力強く伝えることができるようになってきたことを感じました。

3. 発達診断を通して 実践の意義を確認する

　私の勤務する施設では、毎年、7〜8月に新版K式発達検査2001を用いた発達診断を行います。発達診断は、発達相談員や新版K式発達検査2001の講習会を受講した実践者が行います。発達診断を行う目的としては、子どもの発達、特に、自我の育ちを捉えることや、これまでの教育の意義を考えることなどが挙げられます。

　さて、良太君の発達診断は、発達相

談員が行いました。良太君は、初めて出会う発達相談員の表情をじっと見つめていました。「誰だろう」と不思議に思っていたのかもしれません。検査が始まると、良太君は私の背中にくっつき、おんぶを求めてきました。しかし、積木や鈴など、様々な検査器具が机上に出されると、私の背中から離れ、椅子に座って積木を持ったり、口に入れたりし始めました。良太君から物に向かうことに、私は、正直、驚きました。良太君が、大人だけではなく、物と結び付く力を確実に蓄えてきていることを感じました。

また、良太君は、小さな鈴を指先でつまみ、瓶に入れたり、積木を穴の中に入れようとしたりしていました。「ここに入れたい」という目的をもって物を一定の方向に動かす力（定位活動の力）が獲得されてきていることを感じました。

検査後、発達相談員からは、以下のような指摘がありました。

・立ち歩きながらも、椅子に戻り、座って検査に取り組んでいた。積木など自分が好きになった物にしっかりと気持ちを結んでいた。好きなことをベースにして本児の表情や仕草に対して「○○したかったね。」など言葉にして返していくことを通して、本児の要求をしっかり受け止めてあげることが大切である。要求を出し、

やってもらうこと、ねがいが実現する（受け身での）ことだけではなく、本児自身が主体的に物や人に働きかける経験を広げていってほしい。

手に持った物を口に入れることが多い。探索行動が見られるが、定位活動は、定位するときも手と目の協応が見られず、量的にも少ない（積木を穴に入れようとするなど、やりたい、という思いはあるが、検査者の誘いかけではあまり定位活動が広がらない。検査者とボールを介してやり取りをする課題では、検査者の方は見ずにボールを放り投げていた）。検査全体を通して、物と人との結び付きはつくるが、大人の行為を取り入れて、定位活動をしているようではない。

本児が安心して人との関係を広げるなかで、定位活動や探索活動に向かえるようにしていきたい。その中で、本児が定位活動をしたときに、大人が「ぽっとんしたね。」など意味付けるとともに、本児が「あれ？」と思うような場面に出くわしたときに、自分のつもりを大人と一緒に確かめるような遊びをたくさん経験してほしい（散歩、「ぽっとん落とし」、「少し抵抗があり、大人の助けを求めるような定位活動」を行うとよい）。

隣にいた教師（私）の手を持って要求を実現してもらおうという姿がよく見られた。

本児のおでこに小さなシールを張り付け、目の前に鏡を提示すると、シールは自分ではがさないものの、自像は見つめていた。また、自分が映っている部分をなめていた。検査者の誘いかけに対して、「いや」なときには検査者の手や検査器具を払いのけていた。

生活の中でも、教師におんぶを求め、おんぶで行ってほしい場所、やってほしいことがあるとのこと。家ではおんぶの要求を出していたが、最近学校でも出すようになったとのこと。自己意識はまだ確立しておらず、言葉では伝えることはまだできないが、「これがしたい」という自我の育ちがうかがえる。

検査中は、検査者と共感することはなく、表情も変化は見られない。時折発声は見られる。体を動かすことや「いない、いない、ばー」など反応を楽しむ遊びを通して、快の情動をたくさん経験し、快の情動とともに、発声もたくさん出るようになってほしい。具体的には、おんぶをしたり、正面からタカイタカイをしたり、毛布ブランコをしたりするなど、安心した関係のなかで、大人と一緒が楽しい、友達がやっていることを安心できる大人とやって楽しい、という経験、情緒的交流を含んだ遊びをしてほしい。また、生活の中では、手遊びへの関心も出てきたとのこと。遊びを通して、大

人だけではなく、友達への関心も広がっていると考えられる。教師の背中で一緒に活動に参加することに加え、友達が遊んでいる様子を教師と一緒に見て、友達と同じことをするなど、本児のペースを大切にしながら興味・関心の幅を広げていってほしい。

発達診断を通してこれまでの良太君へのおんぶを中心としたかかわりが間違っていなかったこと、良太君が大人や物と結び付く力を育んでいくこと、大人との交流を通して「これがしたい」という自我を十分に育んでいくことなど、これまでの実践の意義を振り返るとともに、今後の方向性を確かめることができました。

発達相談員が第三者の視点で実践や良太君の育ちを見つめ、率直に感じたことや、検査を通してわかったことを伝えてくれることで、私自身が、日々の実践について振り返ることにつながったように思います。

4. 正面で感情を交流する

良太君は、おんぶという背中越しのかかわりをたくさん楽しめるようになってきました。発達診断の結果からも提案があったように、次は、大人との安心した関係の中で、大人との感情の交流を

より楽しめるようになってほしいと思いました。

そのためには、良太君が、大人と正面から向かい合う関係で感情を交流できるようにしていくことが大切ではないかと考えました。しかし、いきなり良太君の正面に大人が回り込み、かかわることはかえって、良太君の外界への志向性を奪うことにつながりかねません。どのようなタイミングで良太君の正面からかかわればよいか、悩む日々が続きました。

昼食後の食器の片付けをしているときです。これまで良太君は、私と一緒に食器を所定の場所に置くことに取り組んでいました。私の手を良太君の手に添え、一緒に食器を片付け用のおぼんの上に置きます。「入れる」「置く」という定位活動の力を蓄えてきた良太君は、少しずつ、自分の力で食器を置くことができるようになってきていました。この日は、初めて、一人で食器をお盆の上に置くことができました。私は、うれしさのあまり、思わず、良太君を正面から抱きしめ、「高い、高い」をしました。良太君は大きな声で笑い、その後、両手を上げ、正面から私に近付いてきたのです。その行動はまるで、「もう１回、高い、高いをしてほしい」と伝えているようでした。私は、「良太君、もう１回、わっしょーいってする？」と尋ね、しばらく待ちました。良太君は手を下ろすことなく、私にさらに近付いてきました。私は、「よーし、高い、高いだ。せーの。わっしょーい」と掛け声をかけながら、「高い、高い」を繰り返しました。良太君は、「きゃきゃきゃ」と大きな声を出して笑っていました。

「食器を置く」という定位活動ができた満足感や自信が良太君の正面の世界を少し広げたのかもしれない、と感じました。人や物に志向的に向かう力が蓄積される中で、良太君は着実に目的的に人や物に向かう力を獲得してきたのだと考えられます。

この後、良太君は、少しずつ正面で大人と向き合うようになってきました。例えば、着替えの場面では、それまでは、大人が正面に座って上着やズボンを着替えさせようとすると、その場から走って逃げたり、大人の背中に回り込んだりしていました。良太君の着替えは、常に大人が二人付きっきりで行わなければなりませんでした。

しかし、「高い、高い」を楽しめるようになると、良太君は、私と向き合い、着替えができるようになりました。良太君がいすに座り、私は、良太君と向き合うように床に座ります。私が上着を頭にかぶせると、良太君は裾を引っ張り、自

分の頭を出します。「良太君、ばー。頭が出てきたね」と私が語りかけると、一瞬、私と視線を合わせて表情を緩ませます。ズボンをはく場面では、私が、ズボンを良太君の膝部分まで上げると、その後は、自分でズボンの腰部分を握り、引っ張るようになりました。

　こうした良太君の姿を見ていると、「着替え」という行為は、単なる技術ではないと感じます。子どもは、人や物に向かう力が蓄積されることを通して「自分でやりたい」「自分でできた」という自我が育まれていきます。自我は価値ある自分、意味ある自分を実感するために不可欠な自己意識です。そんな価値ある自分を大切に包む物が衣服であり、そんな衣服を身に付けることが「着替え」という行為、定位活動ではないでしょうか。とかく、自閉症教育では、着替えなど、日常生活動作は繰り返し教えることとされ、子どもにとっての意味は軽視されがちです。良太君の育ちを見ていると、生活の中にある様々な行為の意味を考えていくことが重要であることを痛感します。

5. 友達と同じように遊ぶ

　大人と正面での感情の交流ができるようになってきたころ、良太君にもう一つ大きな変化が見られました。同じ学級の友達が施設の園庭にあるジャングルジムに上って遊んでいました。この友達は、とても活発な子で、これまで良太君は近付くことはありませんでした。どちらかといえば、良太君にとっては少々、苦手な存在であったのかもしれません。この友達が近付いてくると、良太君は、すぐに私におぶさってきたり、その場から立ち去ったりしていたからです。

　この日は、この友達がジャングルジムにぶら下がったり、飛び降りたりして遊んでいました。良太君は、その様子を少し離れた場所から見つめていました。いつもであれば、その場から立ち去る良太君が、じっと視線を向けていることに気付いた私は、「良太君もジャングルジム上りたいの？」と尋ねました。良太君は、私の言葉掛けには応じず、その場を離れ、ジャングルジムの周りを走り始めました。私は、「良太君なりに、何かタイミングを計っているのかもしれない」と感じ、少し見守ることにしました。こうした対応をしたのは、発達診断の際、「友達の存在に気付いていること」や「友達の遊んでいる様子を見ることの大切さ」について確認したことで、良太君が友達との交流が生まれる機会を設定したいと考えていたからです。

　しばらく、ジャングルジムの周りを

走った良太君は、次に、何と自分から初めてジャングルジムに足を掛けたのです。これには、私だけではなく、周囲の教師も驚きの声を上げてしまいました。良太君に直接かかわりたい気持ちをぐっと押さえ、私は、「良太君、いいぞ。がんばれ！　がんばれ！　竜太君（勢いのある友達の名前です）と同じ。なかよしだね」と話しかけました。良太君は、両手でジャングルジムをぐっとつかみ、一段上り、その後、地面に下り、再び、ジャングルジムの周りを走り出しました。その際の良太君の表情は、とても晴れやかで、「きゃきゃきゃ」とうれしそうな大きな声を何度も出していました。

6. 友達と一緒に 手遊びを楽しむ

　友達と同じようにジャングルジムに上った良太君。私は、少しずつ、良太君と友達が結び付くようなかかわりを模索していくことにしました。良太君は、大人と正面から向かい合い「高い、高い」や「一本橋こちょこちょ」などの手遊びを楽しめるようになっていました。特に、「一本橋こちょこちょ」の手遊びは、大好きで、私の手を何度も引っ張り、「もっとやって」という要求を力強く伝えるようになっていました。

　そこで、この手遊びを介して友達とのかかわりがつくれないかと考えました。まず、私が他の友達と手遊びをしている様子を良太君に見せることにしました。良太君は、友達と私が「きゃきゃきゃ」と声を出して笑い合う様子をじっと見つめていました。始めは見ているだけで近付くことはありません。他の教師が、良太君のそばに行き、「良太君も一緒にこちょこちょ〜ってやってみようよ」と誘いかけます。すると、良太君は、その教師と一緒に少しずつ、私と友達が遊んでいる場所に近付いてきました。

　良太君は、私と友達の間に座り込み、私の手を引き、「一本橋こちょこちょ」を要求します。私と友達の「間」に入り込む姿に、良太君の自我がしっかりと育ってきていることを感じました。白石正久さんは、こうした子どもの姿を「新参者割り込みの法則」と表現し、主人公になりたい心、あこがれの心、集団をつくりあげる原動力として紹介しています（『発達の扉・上』かもがわ出版、103頁）。良太君にも、こうした教師と友達との関係を捉え、「自分もやりたい」「自分がやりたい」という生活の主人公としての気持ちが育まれてきました。

　私が、良太君と友達を交互にくすぐると、互いに声を出して笑ったり、体を寄せ合ったりして互いのかかわり合いを楽

しんでいました。良太君から直接的に友達にかかわることはありませんが、友達の体が自分に触れることを嫌がる様子はなく、むしろ、表情が緩んで心地よさそうにしていました。

7. おんぶの意味を再考する

良太君とのかかわりを通して、私は「おんぶ」の意味を考えさせられました。乳幼児とのかかわりの中では、おんぶは日常茶飯事の行為であり、それほど意味を考えることはありませんでした。正直、「子どもの情緒を安定させるための行為」「疲れた子どもの移動手段」くらいにしか考えていませんでした。

良太君にとっては大人におんぶをしてもらうことは、外界と結び付くための重要な手段だったのだと思います。良太君は、大人とのおんぶを通して、大人と感情の交流をすることはもちろん、大人のかかわりを期待する力を育んだり、周囲の変化を感じ取る力を養ったりしていったのではないでしょうか。

しかし、実践をしているときは、「おんぶだけしていてよいのだろうか」「おんぶをすることが何を育んでいるのだろうか」と悩みました。日々の良太君の変化と発達診断の結果を照らし合わせながら、実践の意味を考えたり、振り返っ

たりする中で、徐々におんぶというかかわり方が、良太君への指導においては間違っていないようであること、おんぶというかかわりを通して良太君の自我が育まれてきていることなどを確かめることができました。また、発達診断の結果を基に、良太君の自我がどのように育まれてきているのかを立ち止まって考えることで、おんぶを通して蓄積されてきた力を、次に、どのように発展させていけばいいのかについて考えることにもつながったように思います。

8. まとめ
実践と発達検査との関係

私は、子どもと出会ったときにまず、「この子は何が好きなのだろう？」「どうすれば私に気付いてくれるだろう？」と考え、その子の視線や手指の動きなどを見つめたり、声を聴いたりします。その上で、その子が繰り返し見ている物を一緒に見たり、その子の動きに合わせて私も動いてみたり、視線を合わせてほほ笑みかけたりしてかかわります。良太君とのかかわりをおんぶから始めたのも、おんぶを良太君が求めていると感じたからです。もちろん、子どもとのかかわりの糸口がすぐに見つかるわけではありません。何度名前を呼びかけてもなか

なか視線を向けてくれなかったり、私が近付くと、さっとその場から離れたりする子もいます。それでも、「この子のことをわかりたい」という思いで繰り返しかかわるようにしています。

私がこうした思いで実践をするようになったのは、十数年前に大ちゃんと出会ったことがきっかけです。大ちゃんは、知的障害と自閉症という診断を受けていた3歳の男の子でした。

大ちゃんは、「あああ」と声を出しますが、明瞭な話し言葉はありませんでした。私が近付き、「大ちゃん」と呼びかけても、私の顔を見ることはなく、部屋の中を歩いたり、時折走ったりしていました。私は、「大ちゃんを笑わせたい」「私の存在に気付いてほしい」と思い、大ちゃんの体をくすぐってみました。すると、大ちゃんは、体を反らせ、その場から立ち去ってしまいます。私は、何度も大ちゃんの体をくすぐったり、大ちゃんの動きをまねたり、大ちゃんの目の前で光るおもちゃなどを見せたりしてかかわりましたが、大ちゃんは私を見ることはありませんでした。「どうしたらいいのだろう」と悩む日々が続きました。

ある日、私が大ちゃんと「格闘」している様子を見た同僚の一人が、「まずは、大ちゃんにじっくりと付き合ってみたら」と言ってくれました。私が必死な形相で大ちゃんとかかわる様子を見て、心配になったのだと思います。同僚の言葉で我に返った私は、大ちゃんの「後追い」をしてみることにしました。すると、大ちゃんが教室のドアを何度も開け、ドアが閉まる様子を見ながら、「きゃきゃきゃ」と声を出して笑うことに気付きました。私は、「大ちゃんは、ドアが閉まる動きを見ることが好きなのかもしれない」と感じました。そこで、まず、大ちゃんと一緒にドアが閉まる様子を見つめることにしました。大ちゃんが「きゃきゃきゃ」と笑ったら、私も同じように笑いかけてみました。次に、大ちゃんがドアを開けた瞬間、「ばー！」と言いながらドアの後方から顔を出し、大ちゃんの体をくすぐるようにしました。

こうしたかかわりを半年ほど続けました。ある日、大ちゃんが初めて私の手を握り、ドアの前まで引っ張るようにして連れて行きます。私の体をドアの後方に押します。私は、大ちゃんと視線を合わせながら、「大ちゃん。ばー、するの？」と尋ねました。すると、大ちゃんは、じっと私の目を見つめました。大ちゃんと初めて視線が合ったように感じた瞬間でした。私は、大ちゃんのまなざしを「一緒に遊ぼうよ」という要求だと受け止め、「よし、大ちゃん、ばー、しようね」と語りかけました。すると、大ちゃんは、

ドアを閉め、次には、ドアを開け、「ばー」と言いながら飛び出す私と視線を合わせて、満面の笑みでほほ笑み、「きゃきゃきゃ」と声を出しました。さらに、大ちゃんは、私の手を握り、ドアの後方に私の体を押し、「もっと遊ぼう」という要求を伝えてくれました。

私は、こうした大ちゃんとのかかわりを通して「子どものことをわかりたい」と実践者が思い、一生懸命かかわり続けることが教育実践のスタートであることを学びました。

近年、障害児教育の現場には、子どもの実態を把握し、子どもの指導計画を立案するために、様々なアセスメントが導入されています。私が勤務する施設でも各種の発達検査が実施されています。今回の報告も発達検査を用いながら、子ども理解を深め、実践へとつなげてきた事例です。

しかし、発達検査で子どものすべてがわかるわけではありません。また、発達検査をすれば、子どもの課題や教育内容、指導方法がすべて明らかになるわけでもありません。一番大切なことは、実践者が「子どものことをわかりたい」と思い、必死にかかわり続けることです。様々な発達検査が開発され、破竹の勢いで実践現場に導入されている今、私は良太君や大ちゃんとのかかわりを通して学んだ「子どもと付き合うこと」「子どもに合わせること」の大切さを痛感しています。

発達検査をすることで、一定の客観的根拠が得られることは事実であり、検査の結果が日々の実践に何らかのヒントを与えてくれることもあります。発達検査の限界を意識しながら、日々の実践に生かす知恵が実践者に求められているのだと思います。

実践報告の解説とコメント

自閉症の子ども・青年と
授業づくり

神戸大学
川地　亜弥子
Kawaji Ayako

　ここで紹介される５実践は、特別支援学校もしくは特別支援学級での授業を中心に描かれています。幼児期から青年期まで、生活年齢も発達段階も幅広い実践です。そこに共通しているのは、子どもたち・青年たちが主人公になって、自らの思いや願いを表現することを中心に、やっている本人たちも先生たちも「こんなすごいこと・おもしろいことできるんや！」という喜びに満ちた場面があふれていることです。授業ですから、教師は様々な願いを込めて準備をし、子どもたち・青年たちに働きかけます。その働きかけは、教師の思い描いた通りに子ども・青年を動かそう、という教師中心のものではありません。以下の解説で、実践のヒミツを私なりに解き明かしていきたいと思います。「謎解きはまず自分でしたい！」という人は、ぜひ実践記録を先に読んでください。

1. 岡野報告：高等部における性教育

⑴安心できる場としての学校

　岡野さんの報告は、「とにかく高等部の３年間は、ハジけさせんにゃいけんのだ！」から始まり、青年期ならではのドキドキに満ちています。清潔・純潔教育に留まらない性教育実践です。「とにかく」の言葉から、「ハジける」ことが一番大事、という強いメッセージが伝わってきます。現代の青年期の教育は、通常の学校でも「おとなしくさせる」ことに偏りがちで、特別支援学校でも同様の傾向があるように思います。礼儀正しく、節度を守って…。「恋愛禁止」の学校もあります。しかし、岡野さんの学校では「ハジけさせる」こと第一。仲間がいて、そっと見守る人がいて、場所もあ

る。そう思うと、学校は「ハジける」のに最適の場所です。

　しかし、子どもたちのことをよくつかんでいなければ、「とんでもないことにつながったらどうしよう」と不安で、ハジけさせることは難しいでしょう。特に、地域の学校から高等部に入ってきた子どもたちのことは、わからないことも多いのが普通だと思います。そこで1年目は「科学的で基本的な学び」として、具体的な教材を使って授業を行いました。

　この授業を通じて、子どもたちも変わっていくのですが、岡野さんは教師自身の子どもに向き合う姿勢に変化が生じたことに注目しています。子どもがどこまでわかっているかを教師がつかめたために、やみくもに心配・禁止する必要がなくなったのだ、と。いわば、自分の授業で子どもたちがどう学んだかをしっかりつかむ（これは重要な教育評価です）ことが、子どもたちへの確かな信頼へとつながり、一層子どもたちが安心して授業を受け生活することにつながったというのです。

　知識を学んでいく集団も重要です。仲間の中で存在を認められることで自己肯定感を育もうと、学年全員一緒の授業を行いました。性を語ることに抵抗が少ない子どもたちを中心に据え、オープンな雰囲気の中で、子どもたちはそれぞれに受けとめ授業が進みます。学年の仲間の中で気軽に恋の話もできる雰囲気。科学的で基本的なことをしっかり学ぶ授業を積み重ね、自分を受けとめてもらっているという集団の暖かい雰囲気の中で、2年目の「Shall we dance?」へと進んでいきます。

⑵予測不可能性とチャレンジ精神

　異性とかかわりをもちたい、という青年らしい要求を、社交ダンスという文化を通じて実現していく取り組みの中で、子どもたちは大きく変化していきます。社交ダンスは1対1で踊りますから、パートナーを決めなくてはいけません。読みながらこちらもドキドキハラハラします。パートナーに申し込む場面で「断られたら落ち込んだりキレたりするんじゃ…」と心配する人は私一人ではないでしょう。体調不良で休んだ生徒もいます。しかし、みんなが結果を受け入れ、本番のダンスを迎えます。大人も生徒もドキドキする「予測不可能性」が、この実践の一つの核です。必ず実るとは限らない、けれどもやってみようというチャレンジ精神。もちろん恋人や結婚の申し込みとは違い、あくまでこの単元の間だけのペアですから、気楽に考えればいいとも言えるのですが、それでも「断られたらどうしよう」「思っている人じゃなかった

自閉症の子ども・青年と授業づくり　93

らどうしよう」と不安になります。基本的な自己肯定感や集団への信頼感がないと難しい実践です。「練習」で岡野さんがダイくんの手をしっかり握る瞬間は、やってみることができる信頼が背景にあり、「予測不可能性」の中でチャレンジしてみることと、単なる思いつきとの違いが鮮明に表れている興味深い場面です。

「Shall we dance?」の単元を通じて、それまで不安の大きかった子どもたちが変わっていきます。リストカットをピタリとやめた子、初めて文化祭でキレずに本番を迎えた子。指導していた先生たちも驚かれたとのことですが、ドキドキやハラハラを経て、自分が受け入れられていると感じられることはそれほど大きな力をもっているのです。よく知っている世界で、いつもと同じ毎日を送るだけでは、子どもたちの不安感は解消されず、むしろ安心できる人間関係の中で、予測不可能なドキドキハラハラを経て、「大丈夫だ」という経験を重ねることが大事なのでしょう。

(3)一人ひとりの変化をとらえる

加えて指摘しておきたいのは、先生たちが子どもたち一人ひとりの学び、変化をとらえていることの重要性です。この記録ではダイくん、サトくん、リョウくんの三人が紹介されています。小さい子が苦手なダイくん、サトくんを思い浮かべ、「赤ちゃんはどうして泣くの?」という学習を入れたこと、その中で二人が1年前とは違う姿を見せたことや、苦手だった友だちや新しい先生を受け入れていく子どもたちの様子が生きいきと描かれています。集団で学ぶ中での一人ひとりの変化をとらえているのです。個人の変化を期待するなら個別の指導計画、ということではなく、個人の課題や願いを集団の学びに位置づけることでもたらされる豊かな学び、集団がある・相手がいるからこそ起こる個人の変化をきちんととらえています。現代における教育目標・評価論と具体的な授業づくりという点からも示唆に富みます。

岡野さんが報告で「自閉症児の教育として特に意識して取り組んだわけではありません」と明言していることからも推察できるように、青年期に共通して重要な目標・内容を扱っています。自閉症の子どもたちも、もちろんそこから排除せず、一緒に学べるようにしています。子ども同士や大人との信頼感、集団での安心をベースに、自閉症の子どもたちのとらえにくい心をていねいにとらえ、他の人とつながりたい、こうしたいという彼らの願いをていねいに捉え、さらに引き出していったのです。

94 実践報告の解説とコメント

2. 篠﨑報告：物語を動かす主人公になれる

⑴「動作化」の魅力

　小学校特別支援学級での「動作化」の授業です。絵本『おだんごぱん』をもとに、「おだんごぱん」の物語を学級でやってみる「動作化」の魅力が生きいきと描かれています。演じることと「動作化」はどう違うのだろう？　と疑問に思われた方も、篠﨑報告を全部読むと少しイメージがわくのではないでしょうか。「演じる」だと登場人物になることを求められますし、どう見えるかを意識する必要がありますので、「そんなふうには言わないのでは」とか、「そうすると見ている人に先のことがわかってしまう」という話になり、特に自閉症の子どもたちには難しい活動になります。

　一方、「動作化」ですと動かしているのはほかならぬ自分なので、「あー、そうしたら食べられちゃうよ！」という気持ちが出ることも、子どもの理解が動作になったものと位置づけることができます。物語の筋を理解できていないからそうなる、という時もありますし、物語の筋はわかった上で、物語の外の住人として物語を味わっている自分の気持ちを反映した「動作化」になることもあります。言葉ではうまく説明できなくても、「動作化」ができる子どもたちの物語理解を想像することができることも、「動作化」の魅力の一つです。いわば、「動作化」は目標でもありますが、評価のためにも重要なのです。

　Ａちゃんに即してみていきましょう。Ａちゃんは絵本を読み終えた当初、握りこぶしを作って篠﨑さんの鼻の上にのせ「おだんごぱん、たべて」と言い、篠﨑さんの食べるふりに対してサッとこぶしを引き、「すたこらさっさ、にげたよ！」と言います。自発的な遊びです。ここでは鼻の上にのっていることからキツネとのやりとりだと推測できますが、絵本の中ではおだんごぱんはキツネに食べられてしまうので、絵本の筋とは違います。「おだんごぱん、たべて」と食べるふりを篠﨑さんに要求し、そこからぱっと逃げることを楽しんでいます。ウサギ・オオカミ・クマとキツネの違いなどはあまり考えられていないようです。2時間目にも握りこぶしをぱんに、篠﨑さんをキツネにみたて、「まずいからー」と言って逃げていきます。逃げる理由を「まずいから」と述べているところは、キツネが「きれい」「ほかほかやけている」という言葉に対して答えているようにも理解できます。キツネとのやりとりの遊びになってきているようです。休み時間にはせんせいをキツネ、自分をおだんごぱんとして追い

自閉症の子ども・青年と授業づくり　95

かけっこをしています。キツネがおだんごぱんを求めている、おだんごぱんはそこから逃げなくちゃ、という理解が示され、その関係を楽しんでいます。4・5時間目になると、ウサギ・オオカミ・クマは「たべない」、「キツネがたべる」と答えています。しかしクマ役になった時には「ぱく」と言って食べています。その時に自分が動かしている役の気持ちはよくわかって、それを実現しています。篠﨑さんがクマはなぜおだんごぱんに逃げられたのかと尋ねた時には、「うたうよ。にげたよ」とできごとの順序を答えますが、クマ役になると「逃げられる」というのは「動作化」できません。追いかけっこは楽しみますが、物語の筋通りではなく、自分が動かしているキャラクターの願いを反映しています。

　6〜8時間目で篠﨑さんは、いよいよキツネが出てくる場面を取り上げます。ちょうど研究授業で、この動画を研究会でも拝見しました。おだんごぱんがキツネに「だまされた」ことを気づいてほしいと願っていた篠﨑さん。Ａちゃんがぱん役でフェルトのおだんごぱんをうごかし、篠﨑さんがキツネ役です。篠﨑さんはＡちゃんの歌の速さの変化からＡちゃんの期待を読み取ります。いよいよ食べられる場面では、Ａちゃんがおだんごぱんをさっと引いてしまいます。しかし、すぐ後に、手を篠﨑さんの口元におろして、おだんごぱんは「食べられ」ます。おだんごぱんの「逃げたい気持ち」と、物語の筋での「食べられる」役どころの間を瞬時に行き来して、食べられたのだと思われます。食べられている時には、にこやかに笑い転げています。「おだんごぱんは食べられたくないと思ってるけど、物語では食べられるということがよくわかっているのです。

⑵大人の言葉をてがかりにして楽しむ

　篠﨑さんは、「Ａちゃんぱん」と「おだんごぱん」を行き来すると表現しています。そしてＡちゃんはお話の通りにしなければいけないと思い出しただけではなくて、「食べられることを知らないおだんごぱん」の視点を意識し始めていたとも捉えられる、と記しています。言葉での説明は難しいＡちゃんの理解の深まりを、動作からとらえることができるのです。

　この時、たとえば大人に「どうなるんだっけ？」と尋ねられたりした時の変化なども、重要な手掛かりになります。大人の言葉を手掛かりに、おだんごぱんの世界に入ったり出たりして、動作を楽しめるのです。

民話の授業は、一見自閉症の子には難しそうです。たとえばBちゃんは、顔のあるぱんなんか変、とこわがっていました。しかし、「普通にはない設定」がお話の面白さと結びついていることも多く、お話がおもしろいと「変な設定」も受け入れられるようになるようです。Bちゃんもそうでした。教材を選ぶ際に、子どもにとって魅力的でおもしろいかどうか、は極めて重要な要素になりますので、子どものことをよく知っている先生が教材を吟味する必要があります。一度読んだくらいではその魅力が十分に味わえなくても、繰り返し、何度読んでもおもしろいような教材を大事にしたいものです。その際に、篠﨑さんが書いている「お話の核となる部分は外してはいけないと思いつつ、時には本筋から外れたり、一点に注目して楽しんだりするような、自閉症の子の『その子なりの楽しみ方』も大切にしたい」という視点は重要です。私たちも、お気に入りの歌や物語を思い浮かべた時、「言葉のリズムが好き」「しつこいくらいの繰り返しがいい」などの、本筋の理解そのものとはあまりかかわりのないところも大事な魅力として感じているのではないでしょうか。そうしたものも含みこんで、子ども自身が楽しんでいく授業を構想していく必要があります。

3．石田報告：地域に根ざした教科学習

⑴新たな世界に出会う、日常を新たな目で見直す

　石田さんの実践は、地域密着の面白さがあります。普段は当たり前でなかなかとらえなおすことの難しい地元について、社会科、理科の教科内容と結びつけることで深くとらえていく実践です。自ら価値を発見していくことが重要な発達段階の子どもたちに、たくさんの発見がある授業になっています。何かができるようになることが目標なのではなく、よく知っているはずのものを捉えなおすことができる「枠組み」「めがね」を手に入れるような実践です。石田さんは担任指導者集団で「新たな世界との出会い」を大事にすることを確認し、特に理科や社会科では「目の前に見て捉えることはできないけれども、確かに存在する自然の世界の不思議、または社会の中に存在する様々なものとの出会いが、自分たちの日常生活を新たな目で見直すきっかけになり、さらにそのことが新しい世界への興味関心の広がりにつながる」ような授業を構想していきました。見学やちくわづくりの前に、ていねいな学びがあり、そのことが単元の山場の盛り上がりへとつながっています。

　冒頭の1時間目では、知っている仕事を挙げ、その分類を考えます。先生がつけ

た番号の意味をめぐって「こってり」話し合い、「1はものをとる仕事（第一次産業）」「2はものをつくる系（第二次産業）」「3は1と2以外のものが、ごちゃまぜ」など、自分たちの言葉で説明していきます。自分たちで考えた後だからこそ、社会科学の論理もすとんと胸に落ちるようです。

⑵「丹後ってええとこやったんやな～」

　次の時間は、「観光業」という言葉を知り、その視点から地元を捉え直します。「丹後って、ええとこやったんやな～」という発言は、ただ見学だけをしていても生まれてこない言葉でしょう。地元の丹後をとらえる新しい視点を手に入れたのです。ですから、その後のちくわづくりの見学、体験も、単なる遠足や調理実習とは違います。観光業を支えるお土産としてのちくわなのです。一つの具体的なもの（ちくわ）が、食べ物、というだけではなく、その背後に作る人、作る道具があり、付加価値をつけて販売するから買う人がいることなどを学んでいったと思います。自分が食べるちくわなんだけれど、上手にちくわをつくることにこだわれたのも、おいしそうにつくれないと売れない、とわかったからではないでしょうか。

　手順書もなく、ちくわのタネの硬さも感触の記憶を頼りに作ることは、普通に考えると難しく、失敗につながりそうです。しかし、マニュアルがないからこそ自分の判断をもとにした試行錯誤ができていきます。見事できあがり、「お店よりおいしい！」「いや、ちょっと固いな」というところも、子どもたちのうれしさや冷静さが出ています。マニュアルもない中でのこうした経験が、自分に対する信頼を培っていくことにもつながっています。マニュアル通りに作業をさせる実践では何が育たないのか、ということを実例をもって示してくれています。

⑶ヒロくんの変化

　さて、この記録で焦点が当てられているヒロくん。話しかけても素通りされ、採点したら「はやく〇をしやがれ、この野郎！」と言われるなど、石田さんはきっとびっくりしたと思いますが、昨年度からかかわりのある先生が「大丈夫。ヒロはいろいろわかっているし、自分で言った後、しまったとも思っている」と聴き、気持ちを新たにします。

　集団での活動には抵抗が大きく、一見一人でいることを望んでいそうなヒロくんが、

98　　実践報告の解説とコメント

嫌いな音楽でボーカルをする部分は感動的です。石田さんに「ヒロくん、ボーカルはどう？」と言われ、「しません！」と応えたヒロくん。しかし、「しないって言ったけどやっぱり」という気持ちのゆれがあったのではないかと思います。練習時間には1回しか参加しない、という自分なりのスタイルを認めてもらい、本番では見事に歌います。ヒロくんの気持ちの奥底にある願いを探りながら、彼なりのやり方をしっかりと認めていく指導の中で、ヒロくんは活躍していくのです。

　こうした、「自分なりの取り組み方」を認めてもらえることと、目に見えない世界について自分なりに枠組みを生み出しながら理解していくこととは、深い関係があるのではないでしょうか。そして、本来の教科学習とは、自分なりになぜだろう、どうしてだろう、どう考えるとよいのだろうという試行錯誤を伴うからこそ、その枠組みをわがものにできるのだと思います。

　「考えた！」「自分たちでやった！」という実感があるからこそ、1年たっても「たのしかった！」と振り返ることのできる教科の授業だったのではないでしょうか。この実践には、教科学習本来の面白さがぎっしりと詰まっています。

4．澤田報告：「真面目」な二人でお笑いコント

⑴自分にも他の人にもおもしろいことを考える

　澤田さんは高等部専攻科（高等部3年間の後の2年間の課程）での「お笑いコント」づくりの取り組みについて報告しています。自分たちのパフォーマンスで多くの人が笑ってくれる経験は、ぜひ子どもたちにも味わってもらいたいものです。澤田さんも書いているように、見ている人が楽しいことが自分たちにとっても楽しいという互恵性があること、他者意識をもつことが自己客観視につながること、必ず笑えることはないので試行錯誤して議論できること、その過程でクラスの仲間を深く理解していくことなどが利点としてあげられます。ただ、残念なことに、学校教育ではこうした「笑う」文化が排除されているように感じます。国語で狂言を学ぶ時には「笑い」を扱いますが、それ以外ではお笑いの文化をきちんと扱っていません。「真面目」な学校文化との親和性が低いと思われているのでしょうか。

　自閉症の子どもたちは人の心が理解しにくい、と言われますが、この実践では、「どうすると面白いのか」という謎に迫っています。人を笑わせるためには、「どうすると他の人も面白いのか」と理解することが重要になります。直観的に笑えても、笑わ

自閉症の子ども・青年と授業づくり　99

せるのは難しい。むしろ、論理的な思考が伴わなければお笑いを学ぶことは難しいのです。逆に言えば、論理的にわかると、笑いのタネを埋め込んで、笑わせることができます。そこから、自分も面白くて他の人にも面白いものを模索していくのです。また、そうしてネタを作りこんでも、笑ってもらえない（すべる）ことはよくあります。笑ってもらえない時に、落ち込まずに次に進むことも必要になります。

⑵ぶつかる二人でコントを考える

　さて、「お笑いコント」づくりに取り組んだAくんとBくん。AくんもBくんも真面目なのですが、その方向性が違います。Aくんは、ルールやマナーは守るべきと考え、やりたいことはやり切ります。一方Bくんは、自分なりの価値観をしっかり守り、時間などもギリギリでも間に合ってる、と主張するような真面目さです。AくんとBくんは高等部の時に出会い、様々な場面でぶつかり、BくんがAくんを「そんなこと聞くなよ！」と叱責する関係でした。専攻科へ入学した当初もぶつかっていたそうですが、二人ともザ・ドリフターズに関心があり、一緒に盛り上がる関係になりました。専攻科合宿で翌月のステージ発表について話し合い、「お笑い」の要素を取り入れることにした二人。発表中の会場はもりあがりました。BくんがAくんと自分を比べて自信をなくすことがあったそうですが、お笑いの舞台を経て元気を取り戻しました。

⑶お笑いポイント発見！

　この後、研修旅行に向けた「お笑い」研究の中で、生徒は、多くのお笑いのポイントを発見していきます。そして、モノぼけ、再現、絵ネタなどを作り、お笑いの型（つかみ、本題、オチ）があることに気づきます。これには後に、突然起こること、期待感なども付け加わっていきます。

　コントを考えるプロセスで、AくんとBくんはぶつかります。隣の１年生グループの「ヘビ」ネタが気になるAくんと、「むこうはむこう…口出し出さない！」というBくん。でもAくんも言われっぱなしではありません。最後には「Bくんはあんまり怒りすぎだに。楽しくいこうや」と伝えます。何度かAくんが発言した後、先生はお互いの気持ちが正しく伝わっていないのでは、と感じ、介入します。時間が迫り、何とか調整して、最後にはAくんとBくんが納得した様子で、話し合いを終えます。

　「お笑い」という正解がない世界だからこそ、「〜すべき」という世界をお互いに脱

していくことが起こりやすかったのではないでしょうか。子どもたちのこだわり・頑固さが問題となる時には、大人も自らのこだわりを問い直し、楽しむ・楽しめるものへと幅を広げていくことが重要だということを、この実践は教えてくれます。

5．小川報告：教育実践と発達診断の両方から

⑴期待の高まるおんぶ

　幼稚部での実践です。良太くんは３歳に入園し、知的障害を伴う自閉症という診断を受けています。小川さんは、良太くんが正面から大人が関わることに恐怖を感じているのではないかと理解する一方、良太くん自身が求めてくるおんぶに応じながら、どうかかわるべきか考えます。良太くんの表情から、ただおんぶをされるだけでは不満なのではないか、と気づいた小川さんは、「次も〜」「もっと〜」という見通しをもった要求を生み出すようなかかわりを始めました。具体的には歌を歌いかけながら、節目節目で「ぽっぽー」と語りかけ、その時に良太くんを上下に動かすようにしたのです。良太くんは「ぽっぽー」を期待しているのでは、と思えるようになりました。おんぶを通して良太くんは小川さんと関わるようになり、小川さんは、さらにおんぶして「よーい、どん！」に取り組みます。よーい、の時に中腰で姿勢を低くし、どん！で一気に走り出しますので、良太くんは物の見え方、変化などを感じることができます。小川さんは、どんなかかわりが良いのかについて、良太くんの様子と、発達理論との両方を行き来しながら考えていきました。

　人間発達の理論は、子ども理解の仮説を立てる上で有効です。「子どもがより見えるようになるメガネ」です。しかし、メガネをかければ実践が創造できるわけではありません。子どもに焦点を合わせ、よりおもしろい実践を発明しようとするマインドや、それを支える教育実践についての学習は必要です。小川さんの実践のおもしろさは、専門家による発達診断について、教師としての専門性から冷静にとらえ、実践の意義をふりかえることに活用していることです。発達診断から自動的に教育目標が出てくるわけではありません。うまく活用することが重要なのです。

⑵人やものに向かう気持ちを

　良太くんが大人と正面で関われるようになり、「高い高い」を楽しめ、着替えの介助も正面からできるようになったころ、小川さんは着替えについて「単なる技術では

自閉症の子ども・青年と授業づくり　101

ない」と発見しています。人や物に向かう力を蓄積し、自分でやりたいと思い、やって自分でできたという思いを積み重ねる、重要な活動だと位置づけています。当たり前のようにできるようになった大人とは違う、着替えの価値を発見しています。

　友達と結びつくようなかかわりも模索していった小川さんは、大人との遊びで良太くんがもっともっとと要求していた手遊びをうまく使えないかと模索します。そこで、小川さんは自分と他の子が手遊びをしている様子を良太君に見せます。良太くんはじっと見ていました。他の先生が「良太くんも一緒に」と誘いかけると、徐々に良太くんは近づき、ついに小川さんと他の子の間に座り、小川さんに「一本橋こちょこちょ」を求めました。その姿から、小川さんは良太くんに「主人公になりたい心」「あこがれの心」「自分もやりたい」という気持ちが育っているとつかみ取りました。

⑶おんぶの意味を深める

　その中で小川さんは「おんぶの意味」を深めます。乳幼児には当たり前のように思えるおんぶも、良太くんにとっては外界と結びつく重要な手段だったこと。大人と感情の交流をするだけでなく、人とのかかわりを期待する力や周囲の変化を感じ取る力を養っていたと思われること。そうすると、おんぶすることに多様な意義を認めることができます。子どもを理解する手助けとして、発達診断を使う中から、自らの実践の意味を深めることができたのです。

　小川さんが、このように子どもにとことん付き合いながら、発達診断の結果も活用できるようになった背景には、同僚の人からの「子どもとじっくり付き合うことの大切さ」の指摘がありました。そして実際、子どもが楽しんでいることを一緒に楽しみ、関わる中で、これが教育実践の基礎だと実感したのです。

　発達診断の専門家の知見から学びながらも、それに盲従するのではなく、教育実践の専門家として子どもを理解し、実践を創造していくこと。その重要性をこの実践は鋭く指摘しています。それは、教育目標と評価の主人公は、発達診断の専門家ではなく、教師であり、子どもである、という大原則からも重要なことです。

6. まとめにかえて

⑴子どもの思いや願いをとらえることと教育評価

　以上、発達段階も、生活年齢も多様な子どもたちの授業について分析を加えてき

ました。今回紹介されている実践は、いずれも数値目標や行動目標でとらえきれないような、そこから「はみ出す」ような子どもたちのエネルギーに満ち溢れています。予め想定することのできる行動ではなく、子どもたちが自分たちの願いや思いをていねいに捉え、関わることによって、子どもたちが一層はっきりと要求や思いを出せるようにし、友達や大人にその要求や思いが伝わるようにしています。

　自閉症とよばれる子どもたちの思いの表出、表現はわかりにくいことも往々にしてあります。しかし、それは子どもたちが願いや思いをもっていないということを意味しないことはもちろんのこと、「他の人にわからないもの」でもありません。これらの実践記録からは、子どもたちの願いや思いを感じ取り、「こうかな？」と仮説を立てて関わる大人がいます。いつもその仮説が「当たる」わけではないでしょう。しかし、大人も集団で議論する中で、子ども理解を深め、関わり、その中での子どもの育ちに驚きながら、また働きかける、ということが積み重なっています。

　〇か×かや、「これに合わせる」という基準がはっきりしている方が学習に取り組みやすいように思われている自閉症の子どもたちですが、ここに紹介されている実践は、むしろ「他の誰かの指示に従うのではなく、自分の願いをもつ」「どうすればいいかを、子どもたち自身が考えて、やってみる」ということが大事にされています。しかも、ただ「やりたいことをやりなさい」と放任しているわけではなく、大人が子どもたちと一緒に味わいたい、楽しみたい教育内容を深め、次に子どもの活動のきっかけや流れを生み出し、その中で「おもしろいな」「もっとやってみたいな」「こんなふうにやってみたいな」と願いが膨らんでいくようにていねいに関わっています。

　子どもと共有したい文化内容についてはかなり深く検討していますが、そこから単純な行動目標を導いていないところが、むしろこれらの実践の豊かさを生み出しています。言い換えれば、大人の側の文化内容の理解が深いことと、それが子どもの願いを何度もつかみなおして実践を評価することにつながり、次の実践の柔軟な展開へと生かされていっているのです。期待した行動がそのまま表れなくともそのことは問題ではなく、むしろ、子どもの願いや思い、理解はどうだったのだろう、という検討がなされています。

　こうした指導と評価は、障害の有無に関わらず重要なものですが、いわゆる「問題行動」や、そこまでいかなくともこだわりが強いと言われる子どもたちには、「これは〇、それは×」「そのやり方はこうです」と「正しいやり方」の指導をついして

しまい、子どもなりに「こうかな？」と目標を立てて試行錯誤することが少なくなっていないでしょうか。すべての子どもたちが文化を味わい、生み出していく主人公になるような働きかけを、学びの場で大切にしていきたいものです。

⑵人との関り、仲間の中で育つ

　子どもが育つ時には、個人の能力の伸長という枠組みではとらえられないことがあります。他の子どもや先生とのかかわりの中で、ダイナミックに変化していくことが、5つの実践記録からはよく伝わってきます。

　個別指導計画や、児童・生徒学習指導要録は、個人ごとに作成するものですが、教育実践は人との関り、仲間との交流、集団での要求の高まりなどを組み込んで記述したいものです。もともと、文化そのものが人間の集団の中で育まれてきたものであり、それを学ぶ際には集団が重要です。子どもによってわかり方やこだわりが違うからこそ、豊かに学んでいくことができます。私たちは、子ども集団の中で子どもを再発見していきますし、そうした発見があるような実践や、それをとらえる教師の目、友達の目は高く評価されるべきでしょう。

　以上、自閉症のある子どもと授業での学びについて5つの授業実践から学んできました。こうしてみると、自閉症の子どもにこそ、ていねいな働きかけを通じて願いや思いを育て、信頼できる他者とともにねうちのある内容を学び合う機会を保障すべきことが浮かび上がってきます。個別の活動で、知識や技能の獲得に焦点化した学びは、授業の可能性、子どもの可能性を引き出しているとは言えないのです。

　こうした点をふまえ、教育目標・評価の議論も行っていく必要があります。わかりやすく言えば、知識や技能だけでなく、願いや思いが豊かに育っているかどうか、学ぶに値する文化を他者と共に学びあう機会が保障されているかどうかは、教育評価の観点として重要になります。

　本書の5つの実践には、より具体的で興味深い教育目標を立ち上げていくプロセス、評価するプロセス、それによって目標を再吟味していくプロセスが含まれています。教育実践を検討する際には、ぜひこうした目標と評価のダイナミズムも読み取っていきたいものです。

特論

人とのつながりのなかで育まれる自閉症児の発達へのねがい

鳥取大学
寺川　志奈子
Terakawa Shinako

1. "ねがい"は発達の原動力

　翔くんは特別支援学級に在籍する高機能自閉症の小学2年生の男の子です。6月のある日の放課後、教室に残って、私と向かい合って発達検査に取り組んでいた時のことです。途中窓辺に行って、姿を隠すようにして窓の外をそっとのぞきながら、こんなことばを発しました。

　「ほら、帰っているじゃないか、1年生が。何で一緒に帰ったりしているの？」

　それはひとり言のようで、特に私に尋ねているわけではなさそうでしたが、「1年生はまだひとりで帰れないから、一緒に帰ってるんじゃないかな」とことばを返すと、翔くんは、「そうじゃないの。仲良しだからでしょ。仲良しだから一緒に帰ってるんでしょ。翔くんには、いないの。みんなと一緒に帰りたいけど……」。席に戻っても、すぐにまた外の様子を気にしながら、「ふたり組が帰ってるよー。なんで一緒に帰るのよ。友だちだからでしょ。でも翔くんはまだひとりで帰れないの……」といった具合に、自分に向けて、ことばは続きました。

　後でわかったことですが、ちょうどこの時期は、それまでお母さんに付き添ってもらって通学していた翔くんが、2年生になって学校生活にも慣れてきて、すこしずつ、ひとりで通学をする練習をはじめた頃でした。翔くんのことばには、"みんなと同じように自分で帰りたい。一緒に帰る友だちが欲しい。"という翔くんのねがいがにじみ出ているように感じられました。

　子どもにとって、"〜してみたい"とい

うねがいがあることは、未来に向かって今を頑張ることができる、発達の原動力になるのだと考えます。翔くんの"みんなと同じように友だちと帰りたい"という強いねがいは、自立通学を頑張るエネルギーにつながります。そして、やがて翔くんはそのねがいを実現していきます。大人は、そうした子どもの発達へのねがいを受け止め、そのことが実現できるように心からサポートしたいと思うことでしょう。一方で、自閉症の子どもの場合、どんなねがいを抱いているのか、たとえば常同行動が続くなど、その行動や表現からだけでは、なかなか見えにくいように感じることがあります。あるいは、そのねがいがあまりにもユニークで、たとえば"虫になりたい"といったように、なかなか共感しにくい世界のことのように思える場合があります。そんな時、大人はそのねがいにどう向き合ったらよいのか戸惑います。

発達の過程において、どのようなねがいが、どんなふうに自閉症の子どもの心の中に芽生えてくるのでしょうか。また、それに対して大人はどう向き合い、その発達へのねがいが実現するようどのように支援すればよいのでしょうか。ここでは、そんな問いをもちながら、ひとりの知的障害を伴う自閉症男児の事例、創さんの小学1年生から中学3年生まで

の発達過程を辿りながら、自閉症の子どもの内面世界に寄り添ってみたいと思います。

2.「オレの味方は虫だけだー」
こだわりにどう向き合うか

特別支援学級に在籍する小学1年生の創さんと初めて出会った頃、創さんは虫がとても好きで、その実力は、田んぼの中のマツ虫とウマオイ虫の鳴き声を聞き分けられるほどでした。そして、自分は「虫の博士になるんだ」と思っているようでした。ただ、周りの大人にしてみると、虫への関心は少し度を越しているのではないかと思うほどで、そのこだわりはいろいろな場面で見られました。学習場面においても、すぐに虫の話が始まって止まらず、先生が出した課題になかなか向かおうとしません。また、創さんには、虫はカタカナで書かないといけないという創さんなりのルールがあって、先生が黒板に「カブト虫」と書くと、「カブトムシ」でないといけないと言って怒り出します。一方で、虫へのこだわりが学習への積極的な参加につながることもありました。いつもは交流学級への参加が難しく、学級集団の活動とは別のことをひとりしている創さんでしたが、音楽の教科書に「虫のこえ」のペー

ジを見つけると、その時間になるのを心待ちにしているようでした。いよいよやってきた「虫のこえ」の音楽の時間、その日は交流学級の中に入って、集中して活動に参加していたそうです。

こうした創さんの姿について、先生や保護者はどんなふうに思っておられたのでしょうか。担任の先生は、好きな虫の話にどこまで付き合うべきか迷っておられました。好きな虫のことを手がかりに指導をしようと考えても、虫のことに集中しすぎて、先生が他に教えたいことを伝えようとしても聞こうとしない創さんに、果たして虫ばかりを見せてよいのか悩んでおられました。お母さんは、創さんが虫のことに限らず、たくさんのイメージを豊かにもっていて、ひとりではいろいろとストーリーを展開してしゃべっているのですが、それが自分だけの独特なファンタジーの世界の話で、周りの人と話が全然かみ合わないことを心配しておられました。また、自分が嫌だと思うことに対しては、虫の話をして逃げてしまうので、こちらの指示が聞けるようになって欲しいというねがいをもっておられました。

創さんには、虫の他にもいろいろなこだわりがありました。家では、トイレを癒やし部屋として籠もっていました。そして、スヌーピーのぬいぐるみを相手に

「君は良い子だね」「かわいいね」と話しかけたり、スヌーピーのぬいぐるみを自分の周りに囲むように置いて、うっとりしたりする様子がみられるなど、多くの時間を自分だけの楽しいファンタジーの世界に入り込んで過ごしていたそうです。虫の世界もそうですが、いつもの安心できる自分だけの世界が、この頃の創さんにとって、この上ない楽しみのようでした。一方で、変化に弱く、ちょっとした変化でも激しい抵抗をみせていました。たとえば、怪我をして自分の体から血がにじむのが怖くて受け入れられず、傷を隠してなかったことにしようとしてみたり、あるいは、長い時間をかけてしっかりと洗ってもらって「治ったよ」と言われてやっと安心するといった様子でした。

そんな創さんですから、初めての学校生活は予想外のことにあふれていて、なかなかうまく入っていけませんでした。そして、学校でつらかったことがあると、いつもは穏やかな創さんが、家の人にきつく当たるような、これまで見せたことのない姿を見せることがあったそうです。それは、小学校に入学した５月、初めての運動会練習の日のことです。創さんには聴覚過敏があって、赤ちゃんの泣き声や運動会の音楽、ピストルの音が特に苦手で、それに出くわし

てしまった時には耳を塞いで自分を守っていました。にもかかわらず、ざわざわとした大きな子ども集団のなかに参加して、みんなと同じ行動をすることを求められる運動会練習は、創さんにとって耐えがたい苦痛だったようです。家に帰ってから、大好きな虫の声を聞きたくなったのでしょうか。夜、「外に出たい」と言い出したので、「もう遅いから駄目だ」と親に言われた途端、創さんは爆発しました。生まれて初めて父や母を叩いたり、「バカー、死ねー」といった乱暴なことばを吐き続けていたそうです。そして、こうしたつらい気持ちになったとき、創さんは、「オレの味方は虫だけだー」と叫ぶのでした。

この頃の創さんにとって、虫の世界は、新しい環境の変化につらくなることがいろいろと起きる生活のなかで、いちばん自分らしく安心して過ごせる、楽しい、大切な世界だったと考えられるのではないでしょうか。そして、その楽しい世界に入り込む時間が、創さんの穏やかな心を支えていたのだと思います。

3.「友だちと 同じことがしてみたい」
発達的変化のとき

創さんは、小学3年生から4年生にかけて、発達の力がぐっと伸びる大きな変化の時を迎えます。それまで自分の好きなファンタジーの世界のことをひとり言のように話すことが多かった創さんが、3年生の夏休み、出校日に「カレーつくった」ことや「プール、4回入った」ことなど、現実の生活のなかで楽しかったことをすこしずつ語ってくれるようになりました。そして、創さんの心のなかに、これまでにはなかったねがいが芽生えます。それは“友だちの○○くんと学校から一緒に歩いて帰ってみたい”という、本章の最初に紹介した翔くんにも同じようにみられた、“自分も友だちと同じことをやってみたい”という友だちへの憧れでした。創さんは友だちのことがとても気になりはじめます。友だちの輪を少し離れて見ながら自分も入ってみたいと思ったり、友だちが山に登ったことを聞くと、自分も登ってみたいなあと思いはじめます。また、給食の時におしゃべりしているのを、友だちみたいにかっこよく自分も注意してみたい、けれどちょっと怖いなあと感じたりしていました。時には自分から友だちに話しかけることも見られはじめます。ただ、唐突に「これ蟻地獄だよ」と虫のことについて語りかけるなど、話が一方的で、言われた相手はどうかかわったらよいのか、あっけにとられるといった関係になりがちでした。けれども、創さんが自分から友だち

とつながろうとする姿は、新しい発達への大きな一歩と見ることができました。

一方、自分や周りのことが見えはじめた分、同時に、他者から自分に向けられることばに対しても敏感になった様子がうかがえました。たとえば、授業中にカマキリを見ていて注意されたことを思い出しては、「カマキリ見た。びくってなって怒った。カマキリ見たから言われた…」と、イライラしながら語ることがありました。特に自分に対する否定的なことばに対して敏感に反応して、その時のつらかった気持ちは家に帰ってからも何度もよみがえってくるようでした。そんな時はまた、甘えられるお母さんに乱暴なことばで当たってみたり、自分の好きなファンタジーの世界に入ってしまうのでした。創さんの、友だちとかかわりたいけれど、どうしていいのかわからない、うまくかかわる自信がない、そんな心の葛藤が伝わってくるようでした。

4.「オレじゃなくっちゃ」
発達を支えた生活

創さんが現実の生活に目を向け、友だちと同じことがしたいという憧れを抱きはじめた３年生の頃、学校や家庭では、いろいろな生活体験をすこしずつひろげていく取り組みが行われてきていま

した。学校では、お団子づくりやホットケーキづくりなどが、いずれも創さん自身が活動の主体となって取り組むことを一番の目標に、特別支援学級の小さな集団の中での自分の役割を果たすことの充実感、活動の楽しさを味わうことを大切に取り組まれてきました。家庭では、家族にコーヒーをつくるのは創さんの役割と決まっていました。このように、学校と家庭が連携して、創さんがそれぞれの場で“自分でなくっちゃ”という自信をつけることが目指されてきました。そのなかで、創さんから「団子はオレじゃないとうまくつくれない」ということばも聞かれるようになっていきました。

４年生になると、ひとりでバス通学することへのチャレンジもはじまります。その通学ルートには、ここの場所で困ったらこの人に助けを求めることとした、地域の方々の協力も得た支援ネットワークがつくられたそうです。そうしたネットワークがつくられた背景には、創さんと近所の方々をつなぐお母さんの働きかけがありました。この頃、自分から人に話しかけようとする姿がみられるようになった創さんは、大きくなったら「ラブラドールレトリバーになりたい」と言っていたほど犬が好きで、近所の方が犬の散歩をしているところに出会うと、「僕は○○創です。ワンちゃんの名

前を教えてください」とあいさつをしていました。唐突なあいさつに相手は少し驚かれることがあったのですが、お母さんは、こんなふうに出会う近所の方々に、創さんの障害のことを説明され、唐突に話しかけることがあるかもしれないけれど、普通にかかわって欲しいことを伝えてこられました。お母さんは15軒を超える近所の方にお話をされたそうです。お母さんの後方支援もあって、大好きな犬を介した創さんと地域の方々とのつながりもすこしずつひろがっていきました。こうした家庭と学校、地域の支援ネットワークに支えられながら、療育手帳とお金をもって、ひとりでバスに乗れるようになった創さんは、自信満々の面持ちで通学するようになったそうです。

これらの取り組みを通して、創さんは、自分だけのファンタジーの世界以外にも、もっと楽しい現実の世界があることを知っていきました。現実の世界のなかで、自分が主体となってやりとげた手応えを実感し、人とのつながりのなかで、与えられた"自分でなくっちゃ"という役割を果たすことによって、すこしずつ自分に自信をつけていきました。また、友だちと一緒に活動する楽しさを味わう経験を積み重ねることによって、もっと友だちと同じことがしたい、もっと友だちとつながりたいねがいを抱くように

なっていきました。

5. ユニークなファンタジーの世界の展開

ところで、現実の世界の楽しさがひろがりはじめた創さんですが、虫へのこだわりや独自のファンタジーの世界に入り込むことは、なくなったわけではありませんでした。むしろ創さんにとってこの楽しい世界は、家で描かれたたくさんの絵のなかや、学級のなかで安心できる居場所であったテントのなかに入って、ゴロンと寝ながらひとり呟かれたおしゃべりのなかで、ユニークなイメージがより自由に、より豊かに展開されていきました。

保護者や担任の先生は、創さんのこうした姿に対して、特に1年生の頃はどう向き合うべきか、迷っておられましたが、創さんの豊かに広がるユニークな世界を、創さんにとって大切な楽しみと受け止め、否定したり止めさせようとしたりすることはありませんでした。お母さんは、ファンタジーの世界をものがたりながら、虫やゲームのキャラクターなどたくさんの絵を描く創さんの行為を、「心が落ち着く薬みたいなものです」というふうに捉えておられました。

こんなふうに周りの大人は、創さんの

ユニークなファンタジーの世界を、創さんにとって大切なものとして認めつつ、それをなくそうとするやり方ではなく、同時に、現実の世界の楽しさも伝える工夫や努力をされてきました。その結果、ファンタジーの世界は、低学年の時にはつらい現実世界からの逃避の場になっていたこともありますが、高学年になると創さんらしいユニークな個性を発揮する場となっていきました。こうして創さんのユニークな絵やことばは一段と開花し、担任の先生はそれを作品として、みんなに見えるように飾ってくださいました。作品は、周りの人たちを楽しませるほどの魅力をもち、それらの表現を通して、創さんの内面世界を知ることができるようで、いろいろな人とつながっていく仲立ちにもなりました。そして、そうしたありのままの創さんらしさが認められる経験をくぐって、創さんは自分を肯定的に捉えられるようになっていったのだと思います。創さんの描いたユニークな作品に「うわー、素敵。創さん、すごいね」と心からの感想を伝えると、「うん、すごい！」と、創さんの自信に満ちた答えが返ってきました。図1、図2にその作品の一部を示します。

6.「人間重視になりました」
現実の世界における認識の深まり

一方、創さんが5、6年生になると、現実の世界においても、いっそうの認識の深まりがみられ、友だちとの関係においても新たな関係がみられるようになります。創さんのおしゃべりのなかには、

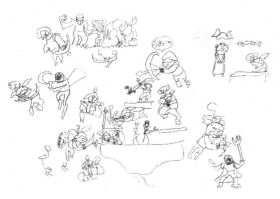

図1　「イカロスの絵」（小学６年生）
「でもこれは切ないかも」（どうして？と尋ねると）「落ちるから」

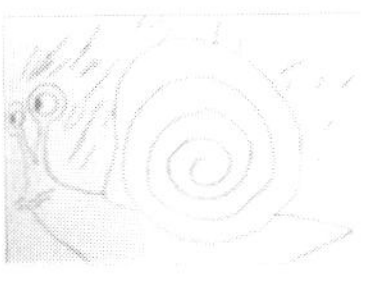

スウェーデンむしむしかたつむり
あじさいの花すてきだね
にっこり
つゆによろこんで　あじさいがすきだね
かたつむりくん　きみはめだま出しますか
きみはナメクジかい
とっても気になるんだよ
からはだれのかわですか
きみはタニシかい
きみはタニシみたいだね
とっても気になるんだよ
きみはナメクジかい
きみはタニシかい

図２　「かたつむりの詩」（小学６年生）
かたつむりへの語りかけを担任の先生が書き起こした詩。「かたつむり（でんでんむし）」のメロディーにのせて歌う。絵は創さん作。

家族のことだけでなく、友だちの名前がたくさん出てくるようになり、生活経験や生活空間のひろがりとともに人間関係のひろがりがうかがえました。

　人間関係は、家庭や学校を超えた第3の場にもひろがっていきました。たとえば、5年生になると、デイサービスで夏休みにだけ出会うおもしろい友だちのことや、「お友だちがいない。お別れ。久しぶりに会った。なかよし運動会で」と、転校したクラスの友だちと学校間合同運動会で再会した経験など、今その場にはいない友だちとの記憶を思い出して語るようになりました。また、毎日生活を共にしているクラスの友だちについては、「□□さんは面白い子。△△ちゃんは『いやだー』って声がする。すぐ泣く。○○くんは、ずっと強い男。泣いたりしない。怒られても泣かない」と語るなど、友だちへの関心が高まり、友だちによって異なる内面的な特徴を捉える視点が育ってきたことがうかがえました。そして、描く絵にも変化が見られます。それまで絵には、ファンタジーの世界のなかのキャラクターばかりが描かれていたのですが、5年生の時にはじめて、学校で好きな女の子を、リアリティを追求してその子らしい絵に描く様子がみられたそうです。こんなふうに、仲間のなかで育ち合っている創さんの、他者をとらえ

る目に現実吟味の力が増し、それが絵やことばで表現されるようになってきました。

　同時に、自分に対する認識も語られはじめます。創さんの良いところはどんなところ？　と質問すると、4年生の時には「顔がやさしい」と、大人から日ごろ言われることの多かった外見的な特徴を答えていました。5、6年生になると、「おもしろいことを言う」（5年生）、「人を助けるところ。人が困り果てたときに、あるいは委員会の手伝い」（6年生）と答えます。困るってどんなこと？　と尋ねると「怪我とかしたり、見守ったり、心配したり」と言うなど、友だちとの関係における自分の内面的な特徴を語るようになります。また、クラスの年少者に対して「お世話してあげる。イカロス描いたり、カード」と話し、頼りにされているんだねとほめると、「うん、頼り」と誇らしげな様子をみせていました。また、4年生の時には大好きな「ラブラドールレトリバーになりたい」と言っていた将来の夢は、6年生になると、おもしろい「お笑い」の人になって人を笑わせたいという、より現実的な夢に変わりました。いずれにおいても、創さんが他者との関係において"自分は相手を喜ばせる頼りになる人でありたい"というねがいをもつようになったことに、内面的な成長を

実感しました。

　そんな創さんの心の成長について、5年生の秋、お母さんは、「今、この子は、人のことが好きで、学校が好きで、お友だちが大事になりました。創はやっと人間重視になりました」と語られました。この頃には、創さんは、キャンプや、田植え、稲刈りなどの学校行事において、友だちと協力しながらいきいきと活動に取り組む様子や、来年の春の修学旅行を「どのチームになるかな」と今から楽しみにする様子をみせていました。"今・ここ"の活動だけでなく、先への見通しをもって、仲間とつながることを期待しながら活動を計画し、参加する力もつけてきました。学校が休みの日曜日には、「ひまだ、ひまだー。何か忙しいことがあればいいのに」と言うほど、学校で友だちと一緒に過ごす時間が創さんにとって一番の楽しい時間になりました。家でひとりファンタジーの世界に入り込むことが楽しみだった創さんとは、ずいぶん変わりました。また、お母さんには、創さんの表情がとても豊かになって、喜怒哀楽が表情からわかるようになったと感じられたそうです。こうして創さんは、じっくりと長い時間をかけて、穏やかで、人を笑わせることが好きで、人間味あふれる創さんに成長してきました。「人間重視になりました」ということばには、

長い年月を向き合い支えてこられたお母さんの、創さんの成長の確かな手応えと深い感慨がこもっているのだと思います。

7.「僕は彼女にとって　ふさわしい人？」
みられる自分を意識する思春期

　創さんの、発達におけるもうひとつの大きな変化点は、進学した特別支援学校中学部2年生から3年生の頃にみられました。それは、思春期に入った創さんが、仲間との関係を築く過程で、あるいは恋心がめばえたことで、創さんの自分や他者についての認識が大きく変化します。ここでは「20答法」（Kuhn & McPartland, 1954）という、「私は誰だろうか」という質問に対して、「私は」に続けて20通りの答えを書く方法によって得られた回答から、創さんの自己認識の発達的特徴を捉えてみたいと思います。創さんの中学2年生と中学3年生の時の回答をそれぞれ図3、図4に示しました。

　中学2年生の時、創さんはほぼすべての回答において「私は〜が好きです」と書きました（図3）。好きな対象として、アニメ、ゲームのキャラクターや、虫にかかわることが多くあげられ、また、学校やサッカー、ダンスといった自分の生

人とのつながりのなかで育まれる自閉症児の発達へのねがい　113

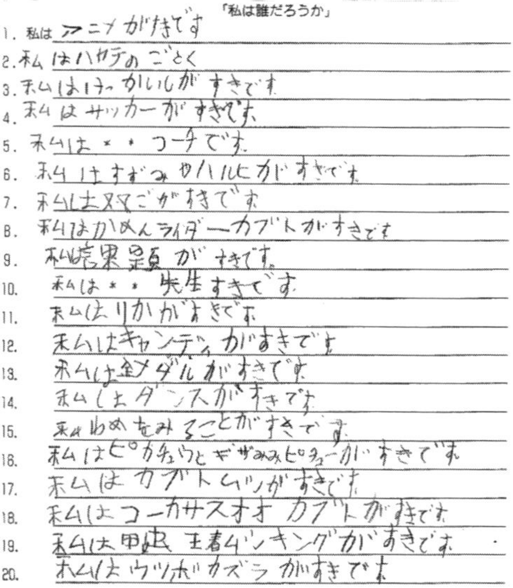

「私は誰だろうか」

1. 私はアニメがすきです
2. 私はハヤテのごとく
3. 私はほっかいろがすきです
4. 私はサッカーがすきです
5. 私は・・コーチです
6. 私はすずみやハルヒがすきです
7. 私は双六が好きです
8. 私はかめんライダーカブトがすきです
9. 私は宿題がすきです
10. 私は・・先生です
11. 私はりかがすきです
12. 私はキャンディーがすきです
13. 私は金メダルがすきです
14. 私はダンスがすきです
15. 私はめをみることがすきです
16. 私はピカチュウとギザみみピチューがすきです
17. 私はカブトムシがすきです
18. 私はコーカサスオオカブトが好きです
19. 私は甲虫王者ムシキングがすきです
20. 私はウツボカズラがすきです

図3　私は誰だろうか①（中学2年生）
自分の好きなことをたくさん書きあげる

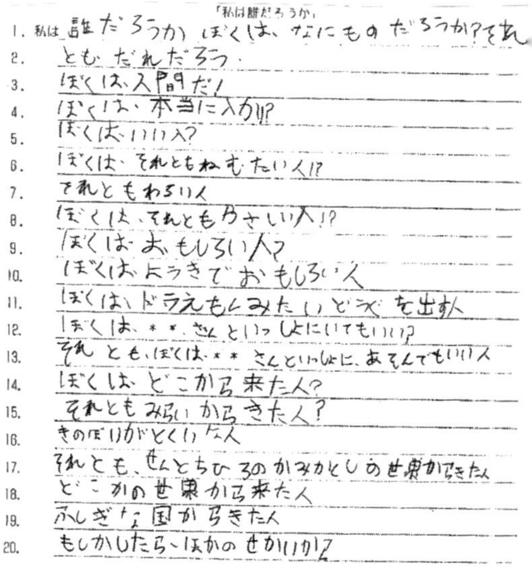

「私は誰だろうか」

1. 私は誰だろうか ぼくは、なにもの だろうか？それ
2. とも だれだろう
3. ぼくは 人間だ！
4. ぼくは 本当に人か!?
5. ぼくは いい人?
6. ぼくは それともねむたい人!?
7. それとも わるい人
8. ぼくは、てんとてもうるさい人!?
9. ぼくは おもしろい人?
10. ぼくは ようきで おもしろい人
11. ぼくは ドラえもんとみたいどうぐ を出す人
12. ぼくは、・・さんといっしょにいてもいい?
13. それとも、ぼくは・・さんといっしょにあそんでもいい?
14. ぼくは どこから来た人?
15. それとも みらいから きた人?
16. きのぼりがとくいな人
17. それとも、ひとともひろのかみかくしの世界からきたん
18. どこかの世界から来た人
19. ふしぎな国がきたん
20. もしかしたら、ほかのせかいから!?

図4　私は誰だろうか②（中学3年生）
他者からみられる自分を意識し、本当に自分はどんな人なんだろう？と問い直す

活にかかわることや、それにかかわってくれる人についても書かれています。中学3年生になると、その内容は大きく変化します（図4）。20の回答が、まるでひとつながりの詩のように私には感じられました。創さんはまず、「ぼくはなにものだろうか？」と自分自身に問いかけます。そして、「ぼくは本当に人か？ ぼくはどこから来た人？ みらいからきた人？ もしかしたら、ほかのせかいから」と考えています。この自分への問いには、“今・ここ”の時空間を超えて、自分の存在についての潜在的な可能性をいろいろな観点から思考していることがうかがえます。

発達心理学者のピアジェは、具体的事象に基づく思考の段階を「具体的操作期」（7～11歳）とし、抽象的な論理を操作する思考の段階を「形式的操作期」（11、12歳～）と捉えました（波多野、1965参照）。創さんの中学2年生から3年生への自分に関する認識の変化は、まさに、具体的な事象に基づいて思考する具体的操作期の特徴から、潜在的な可能性に基づいて論理的に思考する形式的操作期の特徴への変化を示していると考えられます。

また、中学3年生になると、「ぼくは、いい人？ それともわるい人？ それともやさしい人？ ようきでおもしろい人」

といった問いかけにみるように、自分の内面的な特徴について客観的、多面的な視点から捉えようとしています。さらには、好きな女の子と自分との関係性について、「ぼくは○○さんといっしょにいてもいい？　それともぼくは○○さんといっしょにあそんでもいい人」と問いかけ、一歩離れて他者の視点から自分を見つめ直そうとしています。

　思春期には、子どもが特定の友だちと親密な関係を築く一方で、"友だちから見られる自分"というものを意識するようになること、またその意識のなかには、相手から"こんなふうに見られたい"という願望も含むようになってくることが指摘されています（加藤、2019）。また、自分への意識が高まる一方で、"こんなふうにみられたい自分"と"現実の自分"とのずれを感じ、自尊感情は低下する時期であるともいわれています。中学3年生になった創さんの記述に示された自己認識の内容からは、対人関係を築くことに苦手さをもつとされる自閉症の青年も、当然のことながら思春期を迎え、自他への意識が高まり、"友だちから見られる自分"というものを意識して、この時期に共通する憧れと、不安や葛藤を経験するのだということをあらためて感じさせられます。

　また、中学3年生の創さんは、他者について次のような見方を語るようになりました。好きな先生の名前を挙げて、「おもしろくて、話していると明るい気持ちになる」。友だちのことについては、「男の子で好きな人がいない。△△くんとは仲いいけど、変なこと言うから（好きじゃない）」。また、もしも3つの願いがかなうとしたら、どんなお願いをする？と質問すると「仲良くなる方法、友だちと」という答えが一番に返ってきました。「明るい気持ちにさせてくれる」ような他者との内面的なつながりを求め、「仲がいいけど、好きじゃない」といった自他の関係について客観的、多面的な見方をして、「友だちと仲良くなる方法」があればいいのにと願うといったように、他者認識においても、内面的な部分でつながり合える友だちが欲しいとねがいながら、友だちとの関係に悩み、葛藤する姿に、思春期らしい心の特徴が感じられました。

8. 発達検査への取り組みの様子からみえる心の成長
生活年齢・生活経験の重み

　創さんの発達のプロセスについて、発達検査の取り組みの様子からみてみます。これまで見てきた家庭や学校での姿は、発達検査の取り組みのなかでは、

どんなふうに現れていたのでしょうか。ここでは、「新版K式発達検査2001」の課題の中から、「人物完成」(図5、6、7、8、9) への取り組みを取りあげ、創さんの発達的変化を辿ってみます。

「人物完成」課題は、途中まで書かれた人の絵を提示し、「この絵を描いた人は、終わりまで描かずに、途中で止めてしまいました。まだ描いてないところがありますから、あなたが終わりまで描いてください」と促す課題です。

創さんは、小学4年生まで (図5、6) は、未完成の人物画が提示されるや、そこから自分のイメージの世界を展開し、その世界を話しことばで表現しながら、自由に描いていました。そして、小学5年生からは、黙って描くようになり、描画後、絵の説明をしてくれるようになりました (図7、8)。内言による思考 (ヴィゴツキー、2001) の段階に入ったことがうかがえますが、一方で、描かれる内容は、依然、創さんのユニークなイメージ

図5　人物完成 (小学1年生)
「手がない、足がない、首がないな。たんこぶでてくるよー。痛いよー。ぴかん、ぴかん、ぴかん。アー、狼さんの声、変てこおじさんのひげ。(右) 変てこおじさんの友だちやってきたよ。炎吐いてるよ。(左) 変てこおじさんの友だち。こぶができてる、頭に、いたーっ。変てこおじさんの赤ちゃん。変てこおじさんの声…」

図6　人物完成 (小学3年生)
「かすり傷。犬を飼ったバウバウ。犬、メカ犬、ばかな犬」

図7　人物完成 (小学5年生)
描画後、「カラス、バードン」と命名。

図8　人物完成 (小学6年生)

図9　人物完成 (中学1年生)

の世界が、ますます巧みさを増した筆致で描かれています。それが、中学1年生の時には、もう自分なりのイメージ展開はみられなくなり、相手の要求に応じて、人物をきっちりと完成させるという行為がみられるようになりました（図9）。このように、「人物完成」への取り組みは、ファンタジーの世界を自己展開していた段階から、相手の要求にきっちりと応える段階へと移行したことがみられました。

　この取り組みの変化のプロセスは、時期的にはすこしのずれがありながらも、ユニークなファンタジーの世界をひとり楽しんでいた低学年の頃から、小学3、4年の頃に友だちに目を向け、憧れを抱きはじめる変化の時を迎え、だんだん現実吟味の力を太らせていき、そして、中学生になって、みられる自分や他者の内面を意識しはじめた創さんの発達のすじみちと重なっていることがわかります。

　さらに、中学2年生のときに、「創さんを描いてください」という求めに応じて描いてくれた絵が、図10です。間近にせまった運動会を見通す自分のことを、先生と友だちといっしょに描いてくれました。現実の生活を見つめ、相手の要求にきっちりと応え、そこに描かれた人物の表情は、驚くほどリアリティにあふれるものでした。

　検査で測られる発達年齢の視点からみると、創さんは小学校低学年で4歳代の発達レベルを示していたのが、3、4年生頃にぐっと大きな伸びをみせ、5歳半の新しい発達の力（田中・田中、1988参照）を誕生させます。その後、発達は緩やかに伸びていき、中学3年生では、8歳代の発達レベルでした。次の、発達の節である、9、10歳頃の質的転換期（加藤、1987）を越えることはみられませんでした。

　しかしながら、「20答法」の記述（図4）にみられた、自己の存在の潜在的な可能性について論理的に思考する力や、自己を振り返り客観的、多面的に捉えようとする目、自他の内面へ向ける意識、そしてそれらを書きことばで表す力、また、「自分を描く」（図10）ことにおいてリアリティを見つめ表現する力など、これらは9、10歳の節を越えた、思春期ら

図10　自分を描く（中学2年生）

人とのつながりのなかで育まれる自閉症児の発達へのねがい

しい発達の力量を示していると考えられ
ます。発達検査はそうした力量を測定
する指標を十分にもち得ていないと言え
るのかもしれません。そして、これらの
力量は、創さんが、思春期という年齢
にふさわしい生活や仲間、また人間関
係のひろがりや活動の場をもち、そこで
の経験を積み重ねることによって獲得さ
れてきたのだと考えられます。障害のあ
る子どもの発達においては、生活年齢
や生活経験の意味の重さは大きく、その
視点を抜きに発達を語ることはできない
のではないでしょうか。

9. 人とのつながりのなかで
育つ自閉症児の心

　虫へのこだわりがあり、自分のファン
タジーの世界に入り込むことが楽しみ
であった創さん。小学3、4年生の頃に、
"友だちと同じことがしたい"、"友だち
とつながりたい"ねがいが芽生えたこと
によって、発達の大きな変化の時を迎え
ます。小学5、6年生の頃は、創さんが
外の世界の認識や、自分や他者に対す
る認識において、現実吟味の力を太ら
せた時期でした。そして中学2年生から
3年生にかけて、自分や他者の内面に目
を向け、そして他者からみられる自分を
意識しはじめる、もう一つの大きな変化

の時がみられました。いずれの変化も、
人とのつながりにおいて生まれた"ねが
い"や"憧れ"が、創さんの発達への原
動力となっていました。
　創さんに大きな発達的な変化がみら
れた二つの時期は、生活年齢でみると
9、10歳頃と14歳頃でした。この年齢
は、一般に、子どもたちの発達の質的
転換期として注目されている年齢です。
たとえば人格形成の発達にかかわって、
9、10歳頃は自己客観視がはじまる時期
として、また14歳頃は大人からの価値
的自立をはじめる時期として捉えられ
ています（楠、2002）。創さんの発達的
変化の中身は、それらとは違っていま
すが、変化の時期が重なっていること
に、大きな意味があるのではないかと
考えます。それは、子どもたち集団が
大きく成長すること、それに伴って周り
の大人たちの子どもへの見方やかかわ
り方が変わること、そうしたことが、生
活を共にする障害のある子どもにも影
響を及ぼし、新たな発達へのねがいを
引き出すことにつながっているのではな
いかと思うからです。子どもたちはつな
がり合いながら、いっしょに育っていく
のではないでしょうか。障害のある子ど
もにとっても、その生活年齢らしい人間
関係や生活空間のひろがりをもった経
験が積み重ねられることが大切なので

はないかと思います。

　創さんの発達を支えたのは、自らが活動の主体となって手応えを感じられるような生活経験や、楽しさを共有する人間関係や生活空間のひろがりでした。また、創さんの成長のプロセスを振り返ると、人とつながることの楽しさを知り、現実の世界に目を向けていく一方で、そのつながりのなかで、自分らしいユニークな内面世界が認められ、共有され、大切にされてきました。その経験があったから、創さんが自分もまた、相手を喜ばせたい、大切にしたいというねがいをもつことにつながったのではないかと強く思います。創さんの心の成長のプロセスをたどってみると、自閉症の子どもも健常児と同じく、家庭、学校、そして地域などの第3の場という多様な経験の足場をもち、さまざまな価値をもつ人びとと出会い、楽しい活動を共有してつながるなかで、他者の内面やその多様性に気づいていくこと、そして、そうした経験をくぐって、自分らしさや自分の価値に気づいていくという発達のプロセスは共通なのだということに気づかせられま

す。すべての子どもにとって、その生活年齢にふさわしい、心の成長にとって大切な経験や成長の足場が、家庭と学校と地域の連携のなかで保障されることが重要だと考えます。

【引用・参考文献】

波多野完治編（1965）『ピアジェの発達心理学』国土社

生澤雅夫・松下裕・中瀬惇編著（2002）『新版Ｋ式発達検査2001実施手引書』京都国際社会福祉センター

加藤弘通（2019）青年期②：他者を通して自分を見る　藤村宣之編著『発達心理学〔第2版〕―周りの世界とかかわりながら人はいかに育つか』ミネルヴァ書房

加藤直樹（1987）『少年期の壁をこえる―九、十歳の節を大切に』新日本出版社

Kuhn,M.H.& McPartland,T.S. 1954 An empirical investigation of self-attitudes. American Sociological Review,68-76.

楠凡之（2002）『いじめと児童虐待の臨床教育学』ミネルヴァ書房

田中昌人・田中杉恵（1988）『子どもの発達と診断5　幼児期Ⅲ』大月書店

ヴィゴツキー, L.S. 柴田義松訳（2001）『新訳版　思考と言語』新読書社

＊本文中に出てくる事例の名前は、すべて仮名です。

特 論
青年期の発達を保障する学びのあり方

鳥取短期大学
國本　真吾
Kunimoto Shingo

はじめに

　今、知的障害特別支援学校の高等部生を対象とした「技能検定」の実施が、全国各地で広がっている。ある県の技能検定では、「作業学習等で身に付けた知識、技能及び態度等の評価及び資格認定を受けることを通して、生徒の将来の職業的自立に向けた力の一層の向上を図る」ことを目的に、「清掃」「接客」「ワープロ」「流通・物流」「食品加工」の５種を設けて、１〜10級の範囲で認定を行うようになっている。主催は、県の教育委員会である。別の県では、技能検定の意義として「企業関係者の方に生徒の力を見ていただくことで、特別支援学校に在籍する生徒への理解を深め、雇用の促進を図る」「技能検定への取組を通じて、特別支援学校に在籍する生徒の社会参加・自立につながる力の育成を目指す」「日頃の学習の成果を発揮し、外部専門家からの客観的な評価による認定をうけることで、自信を高める」「目標をもってチャレンジすることが、将来、自分の役割を果たしながら社会の中で自分らしい生き方をしていこうとする意欲につながる」などを掲げている（語尾を一部修正）。

　そもそも「技能検定」とは、職業能力開発促進法（昭和44年法律第64号）第44条第１項で「厚生労働大臣が、厚生労働省令で定める職種（略）ごとに、厚生労働省令で定める等級に区分して行う。」とされ、同条第２項で「技能検定（略）の合格に必要な技能及びこれに関する知識の程度は、検定職種ごと

に、厚生労働省令で定める。」と規定される。技能検定に合格した者は、同法第50条で「技能士」を称することができるとされている。しかし、先の特別支援学校の生徒を対象とした「技能検定」は、この職業能力開発促進法に基づく「技能検定」ではない。あくまで、地方教育行政が認定するものではあっても、国が行う「技能検定」とは別のものである。

　そのような区別や名称のあり方を問うこともなく、特別支援学校の生徒を対象とした「技能検定」は各地で実施されているが、多くはキャリア教育の一環として位置付けられている。先の「技能検定」の意義にある、「将来、自分の役割を果たしながら社会の中で自分らしい生き方」への意欲をもつことは重要ではあるが、「外部専門家からの客観的な評価による認定」でしか、彼らの「自信を高める」ことは叶わないのであろうか。

　高等部の本科３年間は、「青年期」と呼ぶライフステージとも重なっている。この時期をルソーは「第二の誕生」、ゲーテは「疾風怒濤の時代」と表現したが、青年期における人間の人格形成は、キャリア発達の視点からも重要な時期と理解される。では、障害のある青年にとって「青年期」というライフステージにおける育ちや過ごし方には、どのような意味があるのだろうか。本章では、本書の対象としての自閉スペクトラム症・発達障害を前提としながら、障害のある青年にとっての「青年期」の発達を保障する学びのあり方について考える。

1. 働くことを権利として

⑴「就職率100%」を目指す特別支援学校

学科、面接、作文、作業試験の対策だけでなく、試験に臨む態度や自己管理の仕方など学びます。また、進路決定後は、スムーズに高校生活をスタートできるよう、高校生として必要な国語、数学、英語などの学科の他、高校生活のマナーやルールについて学びます

　これは、関東圏の学習塾のホームページに掲載されているものである。受験を考える中学３年生にあてたその文面から高校受験対策の予備校かと思いきや、実は公立の特別支援学校高等部の職業学科（専門学科）への受験対策コースの案内であった。進学実績には企業就労を目指す特別支援学校の名前が並び、本番を想定した公開模試まで用意されている。筆者が暮らす地方にも知的障害を対象とした職業学科のみの高等特別支援学校は存在するが、入学試験に備える形での受験対策の学習塾の存在

青年期の発達を保障する学びのあり方　121

は聞いたことがない。特別支援学校の「お受験」は、都会で暮らすうえでのステータスなのかと目を疑った。しかし、受験をしてまで入学する特別支援学校とはいったいどのようなものなのであろうか。その理由の一つに、職業学科を設置して就労率100％を目標に掲げている学校であることを指摘できる。障害を有していても、就職により「社会参加と自立」がいち早くできるのであれば……という思いが、就職への近道とばかりに職業学科への進学意欲を掻き立てるのだろう。

高等部に職業学科を設ける特別支援学校の数は統計上では明確ではないが、文部科学省初等中等教育局特別支援教育課が発行する「特別支援教育資料」から、その動向を読み解くことができる。表1は、特別支援学校高等部本科の学科数と生徒数を学科別にしたものである。統計上、学科数が明示され始めた平成20（2008）年度と平成29（2017）

年度で比較すると、高等部本科生の在籍生徒数は約1.4倍に増加しているが、学科数は総数で半減している。なかでも普通科の学科数は3分の1程に減ってはいるが、在籍生徒数は増えている。視覚・聴覚障害以外の学科は「その他の障害の学科」で括られているため、ここでは知的障害を対象とした学科数を追うことができないが、学科数・在籍生徒数ともに約2倍の数となっている。別の資料では、2017年度の知的障害対象校で専門学科を設置する学校は90校、設置される専門学科の数は239学科という数字もある[1]。このことからも、障害種別は明確ではなくても、知的障害を対象とした学科で専門学科の数が増えていることが推測される。

知的障害を対象とした特別支援学校の高等部で職業学科が増えている例として、東京都の取組みが知られている。東京都立の知的障害特別支援学校では、高等部に「就業技術科」と「職能開発

表1　特別支援学校高等部本科の学科数・生徒数

		平成20（2008）年度		平成29（2017）年度	
		学科数	生徒数	学科数	生徒数
計		2,655	48,713	1,315	67,552
内訳	普通科	2,373	42,997	911	57,032
	視覚障害の学科	49	258	35	110
	聴覚障害の学科	100	555	83	483
	その他の障害の学科	133	4,903	286	9,927

（文部科学省「特別支援教育資料」の平成20年度及び平成29年度版から筆者作成）

科」を設け、順次その数を増やしている。2018年度現在、都立の知的障害特別支援学校は41校存在するが、職業技術科を置く学校は5校、職能開発科を置く学校は3校である。都は、今後5校に職能開発科を設置する計画で、就業技術科・職能開発科を計13校設置することを目標にしている[2]。二つの学科の違いは、表2の通り主に知的障害の程度によるものだが、就業技術科では「専門的職業教育」、職能開発科では「基礎的職業教育」を想定している。2018年春に第1期生を送り出した学校のパンフレットの表紙には、「第一期生　企業就労100％達成」と大きく記されている[3]。このような職業学科では「一般就労率100％」を目標に掲げる傾向にあり、全国各地で職業学科を設ける際にも「一般就労率100％」がうたい文句として用いられている。

⑵職業教育＝技能検定？

　高等部における職業教育は、職業学科を置く高等部のみならず、普通科を置く高等部でも「類型化・コース」の形で顕著になっている。丹野哲也は、「教育課程の類型化」を「生徒一人一人の自立と社会参加を実現するために、生徒の障害の状態、特性及び進路希望等に応じた各教科等の望ましい配列をいくつか設け、そのいずれかを生徒に選択させるもの」とし、東京都の特別支援学校では「職業教育の充実の観点」から「教育課程の類型化」を推進していることを述べている[4]。職業教育の充実の観点から、特別支援学校高等部普通科の類型化が推し進められるのとあわせて、東京都教育委員会は2007年度より清掃技能検定を開始し、2009年には「清掃技能検定テキスト」を発行した。この清掃検定は他の自治体にも波及し、先に述べたように今日では「清掃」に留まら

表2　東京都立知的障害特別支援学校高等部の就業技術科と職能開発科の比較

学科名	就業技術科	職能開発科
対象とする生徒	・知的障害が軽度の生徒 ・主に中学校の知的障害特別支援学級や通常の学級からの進学者	・知的障害が軽度から中度の生徒 ・主に中学校の知的障害特別支援学級からの進学者
実施する職業教育	・専門的職業教育 ・習得した知識と技能及び就労先での経験をもとに、職責の範囲内で自ら判断し、職務を遂行する能力を育成する。	・基礎的職業教育 ・就労先で求められる知識と技能を習得し、任された職務を正確に遂行できる能力を育成する。

（出典：「東京都立知的障害特別支援学校高等部職業学科入学相談検討委員会報告書」2014年）

青年期の発達を保障する学びのあり方　123

ず様々な種別の検定が設定されてきている。まさに、高等部生徒を対象とした「検定ブーム」の到来である。

しかし、高等部教育がイコール検定対策の形で考えられているとするならば、それは疑問である。特別支援学校の目的は、学校教育法第72条で「幼稚園、小学校、中学校又は高等学校に準ずる教育を施すとともに、障害による学習上又は生活上の困難を克服し自立を図るために必要な知識技能を授けること」と規定される。特別支援学校は、普通職業訓練及び高度職業訓練を施すことを目的とする職業能力開発校等の職業訓練施設ではないため、職業訓練の場ではないはずである。とある県の報告書では、知的障害のある高等部生徒を対象とした技能検定の実施により、「学校現場において職業技能の客観的な評価を取り入れることにより、生徒自らが課題を見つけるとともに技術の習得に向け、繰り返しの学習を行った結果、清掃技術が上達し、級の向上を果たすことができた」とある[5]。「職業技能の客観的な評価」を取り入れなければ、学校教育での成果をあげられないのであれば、特別支援学校は一体何を行うところであるのだろうか。技能検定の評価項目を意識した形で、日常の教育活動が組織化されていくことになると、高

等部は技能検定のための予備校のように捉えられてしまうであろう。高等部における職業教育を完全否定するつもりはないが、その教育を技能検定に収斂させていく形は、職業教育が果たす本来の役割を捻じ曲げていくことにもつながる。

中央教育審議会の「今後の学校におけるキャリア教育・職業教育の在り方について(答申)」[6]では、「職業教育」を「一定又は特定の職業に従事するために必要な知識、技能、能力や態度を育てる教育」と定義した。また、「職業教育は、学校教育のみで完成するものではなく、生涯学習の観点を踏まえた教育の在り方を考える必要がある」とも述べている。特別支援教育の領域における技能検定は、生涯学習の観点から、学校卒業後にもわたって体系立てられている職業教育とはなっていないだろう。あくまで、学校時代において就職という「出口」を見据えた動機づけに過ぎないわけである。中島隆信は、経済学の立場から特別支援教育における就労を巡る動きを見るなかで、「教育機関を名乗っている以上、学校は企業への就職のための予備校であってはならない。教育の本来の目的は豊かな人間性を育てることであって就職ではないからだ。そして、教育は子どもたちの可能性を引き出

し伸ばすものでなければならない。障害の陰に隠れ、潜在能力を見いだしにくい障害児の教育を担う特別支援学校こそ、その模範を示すべき」と指摘している[7]。中島のこの指摘は、非常に的を射していると言えるだろう。

⑶職業選択の自由はあるのか?

冒頭で、ある県の技能検定として、「清掃」「接客」「ワープロ」「流通・物流」「食品加工」という種目の設定をあげた。他県においても、種目の表現は若干異なるものの、設定している種目はおよそ共通している。技能検定で設定されるこれらの種目は、その分野に関係する企業・団体の協力を得て、検定用テキストの作成や検定の実施が行われることが多い。そして、生徒たちの学校卒業後の進路としても、検定の種目に関連した職種への就職に結びついている。表3は、知的障害特別支援学校高等部の卒業者がどのような職種に就職したかを示したものである。数値が高い順に、「生産工程」「サービス職業」「運搬・清掃等」となっているが、これらが技能検定の種目と重なることがわかるだろう。障害者雇用に積極的な企業も広がるなか、一人の卒業生の採用を契機に、その後も続いて卒業者を送り込むことができると、就労先の「お得意様」が生まれているのも

事実である。

しかし、見方を変えると学校時代に挑戦した（させられた）技能検定や、高等部が設定した専門（職業）の学びが、採用実績がある（または見込みのある）職業と連結していることは、かえって生徒の進路選択の幅を狭めてしまう可能性がある。技能検定の目的に、「生徒の働きたい意欲」を育て「働く力を高める」といった言葉が、大抵並ぶことが多いが、特別支援学校での職業教育は特定の仕事（職種）に就くためのものではないはずである。にもかかわらず、特定の仕事（職種）を志向する形で学校の学びの中身が設定され、検定取得を目の前にぶら下げられる形で学校生活を送り、用意されている受け皿に向かわされることは、生徒にとって日本国憲法第22条で規定される「職業選択の自由」が完全に保障されていないことにもなる。「選択の自由」は用意されているという反論もあるだろうが、選択肢が限定された上で択一的な選択行為を要求される状況を「自由」と呼ぶには、いささか無理があると思われる。

日本国憲法では、第27条で「すべて国民は、勤労の権利を有し、義務を負ふ」と、勤労権を規定している。とかく勤労の「義務」に目が向き、仕事に就くことを求めがちである。しかし、ここでは勤

青年期の発達を保障する学びのあり方　125

表3　知的障害特別支援学校高等部（本科）卒業者の職業別就職状況（2017年3月卒業者）

区分	専門的・技術的職業従事者	事務従事者	販売従事者	サービス職業従事者	保安職業従事者	農林漁業従事者	
						農林業従事者	漁業従事者
人数(人)	71	616	855	1458	4	134	5
割合(%)	1.1	9.6	13.3	22.7	0.1	2.1	0.1

生産工程従事者						輸送・機械運転従事者	建設・採掘従事者	運搬・清掃等従事者	左記以外のもの	計
小計	製造・加工従事者	機械組立従事者	整備修理従事者	検査従事者	その他					
1570	1269	139	27	33	102	30	70	1390	208	6411
24.5	19.8	2.2	0.4	0.5	1.6	0.5	1.1	21.7	3.2	100

（文部科学省「特別支援教育資料」平成29年度版から筆者作成）

労の「権利」を有していることを忘れてはならない。就職率の数字が掲げられ、「働く」ことを到達目標とした学校教育のあり方は、本当に生徒を真ん中に据えた教育になっているのだろうか。生徒を真ん中に据えると、「本当に働けるのだろうか」「まだ働く自信がない」「本当にやりたいことが分からない」など、彼らが抱える不安の声が聞こえてくる。「義務」ばかりを強いる就職ではなく、働くことは「権利」としてとらえた上での進路の描き方が求められよう。そして、「職業選択」はどの職種を選択するかというだけではなく、卒業後の進路で「職業」を選択するかの自由も含めて、進路指導の中身が問われていく必要がある。

2. 18歳以降の青年期の学びの場における実践から

　障害のある子ども・青年の多くは、18歳で高等学校・特別支援学校高等部の教育を終えて学校から離れているのが現状である。表4はそれらの進学率・就職率を示したものだが、高等学校卒業生の71.1％が大学や専修学校（専門課程）等へ進学するのに対し、特別支援学校卒業生はわずか3.7％である。その差は、約20倍の開きがあるわけだが、特別支援学校内においても、聴覚障害の35.9％に対して知的障害が0.4％と約90倍の開きがある。障害の有無また障害種別によって、後期中等教育修了後

表4　高等学校・特別支援学校高等部（本科）卒業者の進学率・就職率（2017年3月卒業者）

	大学等進学率	専修学校等進学率	就職率
高等学校	54.7%	16.4%	17.9%
特別支援学校	1.9%	1.8%	30.1%
視覚障害	33.2%	3.6%	11.6%
聴覚障害	35.9%	4.4%	43.2%
知的障害	0.4%	1.5%	32.9%
肢体不自由	3.1%	2.3%	5.1%
病弱・身体虚弱	4.9%	8.5%	15.8%

注）「専修学校等進学率」は、高等学校は専修学校専門課程を、特別支援学校は専修学校・
各種学校・職業開発能力校等教育訓練機関の入学者の数値とした。
（文部科学省「学校基本調査」「特別支援教育資料」平成29年度版から筆者作成）

の教育（中等後教育）の保障に差があることは明白である。

「障害があっても高等教育を」「障害があるからこそ、ゆっくりていねいな教育を」と、18歳以降も学び続けることを願う声を受けて、特別支援学校に高等部「専攻科」を設ける例や、それに代わる「福祉型専攻科」を障害福祉サービスの事業を活用する形で取組む例が後を絶たない[8]。また、法制度によらない形で「法定外大学」という名称で、知的障害・発達障害の青年が学ぶ「高等教育」の場づくりも進行している[9]。

これらの取組みは、18歳以降の学習の機会を権利として保障するという意味もあるが、実践を通じて明らかにされてきていることは、学びを通じて人格発達に寄与する豊かな青年期の教育のあり方だといえる。

(1)青年期の学びの場における姿から

福祉事業型「専攻科」エコールKOBE（兵庫県神戸市）の河南勝前学園長は、著書『実践、楽しんでますか？』（クリエイツかもがわ）のなかで、次のような青年の変化を紹介している[10]。

　最初の頃ずっと、「地球消滅」「殴る」「FUCK」などの激しい言葉を言ったり書道で書いたりしていました。今までそういう言葉を発したり書いたりすることで関心を引き、「そんな汚い言葉はダメ！」と注意されることをくり返してきたのではないかと思います。また、エコールでの新しい友達関係がまだよくわからないなかでは、ちょっとした言葉のやりとりや行動に対して刺激的な表現をすることで自己主張する姿が見られたのではないかと思います。ところが、エコールではそういう

青年期の発達を保障する学びのあり方　127

> 表現も良くはないけど禁止するわけで
> はない、それどころか「そういう表現
> もまた面白いな。これは一つの作品と
> して価値があるよ」と自分の描いた絵
> の上から「FUCK YOU」など書いた
> 作品を評価してもらえるなどというこ
> とで、徐々にこういう汚い言葉を使う
> ことで刺激的に関心を引く必要がなく
> なっていったように思います。

　この青年の姿は、エコールKOBEを
特集した読売テレビ「かんさい情報ネッ
ト ten.」（2014年10月6日放送）で
取り上げられたものである。エコール
KOBEの実践には「えこーる新喜劇」
という取組みがある。この青年は、新
喜劇には当初「出たくない」と言い、演
出家の呼びかけにも「別に」とくり返す
姿が見られた。新喜劇の実践の初回は、
学生それぞれにニックネームをつけると
いう内容だが、青年は「ウサピョン」と
呼ばれることになった。エコールKOBE
に入学した頃、ウサピョンが書道で書い
た言葉は破壊的で後ろ向きな表現が目
立った。しかし、仲間とともに新喜劇を
作っていくなかで、彼は徐々に変化を示
してきた。河南は、次のように続きを綴っ
ている。

> みんなで舞台を作り上げていき、楽し
> さを実感しながら本番では多くの人か

> ら評価をされ、自分でも達成感を感じ
> るわけです。「えこーる新喜劇」を
> やり遂げた後、汚い言葉はまったく消え、
> 最後の書道で汚い言葉は消えて「勇気」
> と書いた……。どうもつくられた話の
> ような感じですが、実際私たちは何も
> 言ってないのですけれども、そういう
> ふうになったのです。

　入学当初の破壊的で後ろ向きな表現
とは違い、新喜劇を終えた段階でのウ
サピョンは、「勇気」という前向きな言
葉を書いたというのである。いったい、
ウサピョンにどのような心境の変化が
あったのであろうか。河南が述べている
ように、エコールKOBEでは彼の汚い
言葉を否定することなく、逆に評価する
姿勢で受け止めた。また、仲間とともに
一つの舞台作品を作っていく過程での
楽しさの実感、本番当日の観客からの
評価などを通じて、達成感を得ていくこ
とが、彼の変化の源にあると思われる。
そして、河南はエコールKOBEの実践
を、「安心できる居場所」「仲間関係の
なかで育つ」「青年期にふさわしい評価」
「新しい自分づくりがはじまる」という
4点でその特徴を整理している。
　このようなウサピョンの姿に似た青年
は、18歳以降の障害のある青年が学ぶ場
において、筆者自身も目にしてきた[11]。
特別支援学校高等部専攻科に入学した

自閉スペクトラム症のひでくんは、専攻科入学当初、常に眉間にしわを寄せ険しい表情を示していた。一緒に専攻科に入学したけんくんは、多弁でかつ正義感が強く、ひでくんに対しても「こうした方がよい」と先に口が出てしまい、その都度ひでくんが「わかってるよ！」と鬱陶しがる感じで、強い口調で返すことが日常であった。まるで水と油のような関係、同時に専攻科に入学したのがこの二人だけというなかで、両者が交わることはなかなか容易ではないと思っていた。しかし、専攻科を修了する前には、相手のことをそれぞれ意識するような姿がうかがえ、その関係にも変化が見られてきた。専攻科2年目の研修旅行では、訪問先で二人が演じるコントを披露した。ドリフターズのコントを、鳥取県を紹介する内容に二人でリメイクしたものである。水と油のような関係だった二人にとって、ドリフターズは共通のヒーローだった。コントは、ひでくんが教師役となり、生徒役のけんくんが回答でボケる形で展開される。けんくんが発する一つひとつのボケに対して、ひでくんが激しくツッコミを入れるその姿は、まるで普段の二人とは逆の立ち位置の関係で、新鮮に映った。事前の練習場面に筆者は立ち会ったことがあるが、その際に自然とお互いが並んで肩を組んでい

た姿は印象的である。そして、専攻科修了時のひでくんの表情から、眉間にしわを寄せた険しい表情は消えていた[12]。

⑵青年期に至るまでの過程に着目して

　ウサピョンやひでくんの姿から学んだことに、どこかトゲトゲしかった彼らの言葉や姿が、仲間との関係のなかで次第に変わっていくということがある。筆者はこれを「金平糖」に見立てている。金平糖は、表面に凹凸の突起がある小さなお菓子のことである。金平糖は、熱しながら回転する鍋に核となるザラメを入れて回し、そこに氷砂糖に水を加えて煮詰めた飴を少量ずつかけながら、時間をかけてゆっくり凹凸の突起を成長させていくという製法で作られる。青年期の障害青年たちのそれまでの育ちを見ると、この金平糖の製法と重なるところがある。

　ウサピョンやひでくんが専攻科等へ入学した当初に示した姿は、凹凸の突起がかなり鋭く作り上げられた金平糖だったと言えよう。それまでの彼らの育ちのなかで、長い時間をかけて仕上げられてきたトゲである。そのトゲは、痛々しい言葉を相手に投げつけ、また鋭くあることで他を威嚇して寄せ付けないような時もある。しかし、同じようにトゲを持っている者同士がぶつかったりする

と、そのトゲは徐々に鋭さを失い、やがてお互いが丸みを帯びるように削られていく。ウサピョンやひでくんの変化の姿を、金平糖のように例えてみると理解しやすい。

今や多くの学校教育の場では、障害特性に応じた支援として様々な工夫が施されている。1日の行動や手順を示したスケジュール、動作に応じて色分けした部屋の間仕切りなど、自閉スペクトラム症の視覚優位性を踏まえた支援の方法などがよく取り上げられる。また、見えないルールが言語化されたり、教室には「学校スタンダード」と称されるような「きまり」が掲げられ、その内容も細かく設定されていたりすることが、通常教育の場でも広がっている。これらは、大人が決めたルールや枠組みに子どもを沿わすことで、学校や教室の秩序を維持するところがある。

例えば、ある小学校の「学校スタンダード」に、掃除の時間は「掃除は、無言で行います」「『○○小掃除スタンダード』のやり方でやりましょう。雑巾は、バケツの中で洗いましょう」「チャイムが鳴るまでは、掃除の時間です」という言葉が並んでいる。ついつい口が出てしまう衝動性があると、「しゃべってはいけません！」と周囲から注意を受ける。家のお手伝いでできていること

も、学校のやり方に沿っていないと注意を受ける。雑巾を洗うシーンにおいても、日常生活のすべてで必ずバケツを要しているかどうかは別として。そして、早く掃除が終わってもチャイムが鳴るまでは終わってはいけないし、ゆっくり時間をかけながらていねいにきれいにしていても、チャイムが鳴ればそこで切られてしまう。いくら子どもが主体的に意欲的に掃除に取り組んだとしても、示されている「スタンダード」という名のルールに沿わない以上、その行動が否定されてしまうのである。ここで示した例は掃除に限ったが、登校から下校までの学校生活のあらゆる場面で「スタンダード」が設定されている。障害のある子どもでなくても、これらの窮屈さに嫌気がさしても不思議ではない。

先ほどの口が出てしまうという行動も、もし他の子どもに危険が及ぶ状況で注意喚起を促すためにという理由があったらどうだろう。その理由に関係なく、口が出てしまったその行動自体が否定され、場合によっては叱責されることもある。障害があるからこそ一つひとつの動作に時間を要する場合、自分の力でやりきろうとしても、障害のない子どものペースで時間が切られて未消化に終わることもある。学校スタンダードに応じた適切な行動の要求は、そこから逸

脱する行動を否定され、行動の背景を理解してもらったりその理由に寄り添ってもらったりすることもなく、そして達成感や成就感を味わう経験すら奪われてしまうのである。そのような負の積み重ねが幼児期から学齢期にわたりくり返されることで、まるで金平糖のトゲのように増しているのだとしたら、青年期の青年たちの姿が投げかけているものの意味がわかるだろう。

(3)青年期の発達の姿を読み解く

しかし、ここは単に学校教育を否定することが目的ではなく、青年期の学びの場でトゲを丸くしている青年たちの姿という事実への注目である。ウサピョンやひでくんが、なぜ変容したのかということである。先に紹介した河南の整理のように、青年期の学びの場が彼らにとって「安心できる居場所」となっているところが第一である。

学校スタンダードもそうであるが、障害特性に応じた視覚支援においては、失敗の経験を排除したり、失敗自体を許さない環境に子どもの身を置くことになる。安心して失敗することができない極度な環境下で、自分を守るための防衛反応が身に付き、否定的な言葉で反応したり、相手を攻撃したりする形でのトゲトゲしい対応に至っていると考えら

れる。「安心できる居場所」では、安心して自分の心を解き放つことができ、何を言ってもやっても受け止めてくれる誰かがいることで、人間不信から人間信頼へと転換していく契機となる。特に、青年期の学びの場には、同じような経験や自分とは異なる経験をもつ仲間たちが存在する。多様な経験や価値観をもつ仲間のなかで、自分がもってきた（もたされてきた）尺度としてのモノサシが通用しない場合に遭遇する。学校スタンダードの経験が、逆に他人に対してそれに沿わすような要求を行うこともある。ひでくんに対するけんくんの姿は、けんくんが身につけた社会性をひでくんに求める姿でもあった。それぞれのモノサシの主張による対立は、話し合いや学びの場における自治的な活動を通じて変化していく。自治的な活動は、最初は自己主張が目立ちなかなかまとまらないが、やがて相手の気持ちを汲みとり、そして仲間集団の意志に自分を合わせるようになってくる。「まぁいいか」「仕方ないな」などと言い、自分の心や仲間集団の意志に折り合いをつける、「心のしなやかさ」を示すのである。まさに、「仲間関係のなかで育つ」ことで、彼らが抱えていた鋭いトゲは丸まっていくのである。

このような青年たちの育ちを保障す

青年期の発達を保障する学びのあり方　131

るため、専攻科や福祉型専攻科の実践
で大切にされている教師や支援者側の
姿勢がある。それは、周囲の大人は極
力口を出さず、「飽きるほど待つ」とい
う「見守り支援」のスタンスである。目
の前の子どもや青年が失敗しそうにな
ると、ついつい口を出して正解へと導きた
がるのが指導者の性というのかもしれ
ない。しかし、そこを抑えて青年たちの歩
みを仕掛けるところに、青年期の実践の
面白さがあるといえる。

　例えば、専攻科や福祉型専攻科の多
くでは、研究ゼミと称した取組みを教
育課程やプログラムに位置付けている。
電車、車、野球、アイドル……自分自
身でテーマを設定し、1年間かけて資
料収集や調査などを重ねてまとめた成
果を、年度末に研究発表会の形で公開
の場で報告する。大学に置き換えたら
卒業研究のようなものといえるが、自分
の興味や関心のあることを探り深めるこ
とに没頭できるだけでなく、時には行き
詰まり投げ出してしまう場合もある。その
間、仲間たちの励ましを受けたり、苦
労を重ねたりしながら完成へと至るプロ
セスは、時にドラマのような展開も見ら
れる。河南が言う「青年期にふさわし
い評価」とは、このような活動で「心地
よい負荷」を感じ、「七転び八起き」の
チャレンジを通して得るものといえる。

このように、青年たちが達成感・成就感
を獲得していくところに、その教育の魅
力があるだろう。

おわりに

　冒頭のはじめにで、青年期は「第二
の誕生」「疾風怒濤の時代」であると述
べた。また、青年期はアイデンティティ
の再体制化が図られる時期ともいわれ
るが、「新しい自分づくりがはじまる」
この時期に必要な「自分づくり」が求め
られる。表現を変えると、引かれたレー
ルを青年自らの手で組み替えていく「自
分くずし」、自分の手で自分の人生の針
路を描いていく「自分さがし」という、
自分自身で人生を再設計・再体制し直
すことが、青年期の「自分づくり」の特
徴である。しかし、青年期の「自分づくり」
は、単純ではない。ましてや、青年期の
自分づくりが未完の状態で、「学校から
社会へ」と青年たちが過ごす場が移行
しているのである。その意味でも、高等
部専攻科や福祉型専攻科のような18歳
以降も継続して学び続けることができる
場は、「学校から社会へ」とあわせて「子
どもから大人へ」という二重の移行を保
障する時間や学びの場となっている[13]。

　高等学校・高等部本科3年間の時期
に、青年期の自分づくりが保障できれば

よいが、特別支援学校高等部の教育を見ても、就職をめざした「働くため」に必要な力の育成が中心的になっている。そのなかで、青年期の自分づくりを意識していくことは果たして可能であろうか。特別支援学校高等部の生徒は年々増加しているが、その理由に中学校から進学してくる生徒の数の多さが指摘される。青年期前期にあたる中学生時代の経験のなかで、ひどく傷ついた形で高等部に進学する者も少なくない。そして、自己否定や自尊感情の低さを抱える場合、青年期の「自分づくり」の前に自分を取り戻すことが必要になる。つまり、自分と向き合うための時間である。しかし、彼らが受けてきた経験を踏まえると、自分と向き合うことはつらい過去との対峙でもあり、決して容易なことではない。三木裕和は知的障害青年の自己理解において、「劣弱性の自覚ではない。『人間としての誇り』の獲得」を求めている[14]。正直、「人間としての誇り」を獲得するだけで、高等部本科の３年が終わったり、それでは足りなかったりするというのが本音のところである。高等部での「働くため」を目標に据えられた就職への動きのなかでは、さらに自分のできなさを強化され、青年期の自分づくりを保障する環境が創出されてこなかったというのが現状である。18歳以降の学びの場にお

ける青年たちの姿を通して、「人間としての誇り」を獲得するための教育のあるべき姿が、今、問い直されていかなくてはならない。2017年度より、文部科学省は「特別支援教育の生涯学習化」という政策方針を打ち出した[15]。これまでは、学校教育で完結する教育のあり方が一般的で、18歳までに無理やり仕上げようという作用が働いていたといえる。今後の「生涯学習化」の政策においては、学校完結型の教育から転じていく必要がある。その政策背景の問題は別としても、障害青年の姿や彼らの発達を保障する実践に基づき、豊かな青年期の創出に向けて教育が果たす役割は何かと、問い直す段階に来たのではないだろうか。

【注】

1）全国特別支援学校知的障害教育校長会（2017）「第40回　全国特別支援学校知的障害教育校長会研究大会　平成29年情報交換資料」。調査対象は、全国特別支援学校知的障害教育校長会（全知長）加盟校となっている。

2）東京都教育委員会（2017）「東京都特別支援教育推進計画（第二期）・第一次実施計画」

3）東京都立M学園（2018）「就業技術科平成30年度学校案内」。ちなみに、同校の学科説明会は中学生の生徒・保護者や教員を対象としたものの他、学習塾等を対象としたものも設定されている。

青年期の発達を保障する学びのあり方　133

4）丹野哲也（2010）「知的障害特別支援学校に係る定量的な学校経営分析研究─教育課程の類型化が進路状況に及ぼす影響について─」政策研究大学院大学教育政策コース・ポリシーペーパー

5）文部科学省（2015）「平成26年度『キャリア教育・就労支援等の充実事業』成果報告書（要約）」

6）中央教育審議会（2011）「今後の学校におけるキャリア教育・職業教育の在り方について（答申）」

7）中島隆信（2018）『新版 障害者の経済学』東洋経済新報社、p.89

8）高等部専攻科や福祉型専攻科の動向については、國本真吾（2017）「教育年限延長の要求運動と青年期教育の意義」鳥取大学附属特別支援学校／著・三木裕和／監修『七転び八起きの「自分づくり」〜知的障害青年期教育と高等部専攻科の挑戦〜』今井出版、pp.138-157、を参照。

9）「法定外」と称する知的障害・発達障害の青年を対象とした高等教育を志向した学びの場として、法定外見晴台学園大学（愛知県）、シャローム大学校（埼玉県）が存在する。見晴台学園大学については、田中良三・大竹みちよ・平子輝美・法定外見晴台学園大学編著（2016）『障がい青年の大学を開く─インクルーシブな学びの創造』クリエイツかもがわ、に詳しい。

10）河南勝（2017）「仲間のなかで『新しい自分』づくり─エコールKOBEでの学びを通して」全国障害者問題研究会兵庫支部・木下孝司・川地亜弥子・赤木和重・河南勝『実践、楽しんでますか？─発達保障からみた障害児者のライフステージ』クリエイツかもがわ、pp.122-142。なお、エコールKOBEについては、岡本正・河南勝・渡部昭男（2013）『福祉事業型「専攻科」エコールKOBEの挑戦』クリエイツかもがわ、に詳しい。

11）澤本英人（2017）「変容していく姿 それぞれの自分づくり」前掲8）『七転び八起きの「自分づくり」』pp.72-79。なお、同書のpp.42-45「5領域の実践例」において、澤本が研修旅行におけるコントを紹介している。

12）澤田淳太郎（2017）「『お笑い』でつむぐ人間関係〜高等部専攻科での『お笑い』実践〜」第14回全国専攻科（特別ニーズ教育）研究集会「第2分科会 専攻科の教育実践②『授業・学習づくり』」報告、2017年12月10日。なお、本文で登場する「ひでくん」「けんくん」は前掲11）に基づき仮名であるが、本書の澤田実践においても彼らの姿が紹介されている。澤田実践で述べられているBくんが「ひでくん」、Aくんが「けんくん」である。あわせて参照されたい。

13）渡部昭男（2009）『障がい青年の自分づくり〜青年期教育と二重の移行支援〜』日本標準

14）三木裕和（2017）「知的障害と青年期教育─『9・10歳の発達の節目』に挑む人たち」前掲8）『七転び八起きの「自分づくり」』p.178

15）國本真吾（2018）「障害青年の教育年限延長要求と生涯学習」『人間発達研究所紀要』第31号、pp.22-35

あとがき

　眠れない高齢者のために、NHKは「ラジオ深夜便」を放送している。

　深夜放送と言えば、かつては若者文化と決まっていたのだが、この番組が始まって以降、わが国の常識は変わり、お年寄りのヘビー・リスナーが増えているらしい。かつての若者が高齢者になったということなのか。気がついたら、私も時々聞くようになっていた。

　2018年10月31日、ラジオ深夜便「舌の記憶・あの時あの味」に俳人、夏井いつきさんが登場した。ほら、テレビ番組で芸能人の俳句をバッサリと切り捨てる、あの、ちょっと口の悪い、和服姿の女性です。鋭い舌鋒はなかなかの見ものだが、しかし、彼女が少し手を入れるだけで、凡庸な作品がにわかに味わい深い俳句になる。その業は大したものだ。いつも感心して見ている。

　さて、夏井さんが、その深夜便で「おもやい」について語っていた。「思いやり」のことではない。彼女が育った愛媛の村の風習で、一つのお皿に一人分のおかずを乗せ、それを二人でわけっこする食事文化のことらしい。「半農半漁の貧しい村だったので、料理が少なかったり、子どもの数が多かったりするときは、今日はおもやいよ、と言っていました。みんなでお皿のおかずを分け合うのです。私はおもやいという言葉は共通語だと思っていたので、大学で京都に行き、友だちといっしょに、おもやいしようと言うと、何、それ、と言われました。方言だったのですね。」

　夏井さんはこの語源を調べ、「思い合う」ことから「おもやい」という言葉が生まれたと知る。「一つのお皿のおかずをね、相手の様子を見ながら、思い合いながら食べる。おもやい。貧しい村だからこそその言葉というか、風習というか。そういうものだったと、大学で初めて知りました。」風習が言葉を生み、その言葉が文化を守っていく。夏井さんはそう語っていた。

　サルの中で、食べ物を真ん中に置き、輪になって食事をとるサルはヒトだけだと言われる。他のサルたちはそんなことはしない。なるほど、テレビ番組を見ていても、

チンパンジーの子どもは食物を手にするとさっと移動し、大人のオスに取られないように背を向けて食べる。チンパンジーが子どもを大事にしないわけではないだろうが、少なくとも、お互いの顔を見合い、談笑して食事するという文化はないようだ。

近年、一部の学校では「給食は黙って食べる」というルールがある。黙食、もくじきと読むのだけど、全員が前を向いて黙って食べる。学校の説明によると「しゃべって食べると時間がかかる」とのこと。この他にも、掃除は私語禁止。これで共同作業をしなくちゃならないのはホントにつらい。

こういった行動規制は、自閉症教育においてより際だっている。大好きなおもちゃがほしいときのサインが決められていて、その通りじゃないともらえないとか、机上ワークを○分間済ませばブランコに乗れるとか（済ませないと乗れない）、その詳細をこれ以上繰り返すのは控えるが、こんな窮屈な学校で過ごす子どもの身になると、とても重い気持ちになる。

大学を卒業し、故郷で特別支援学校教員となった女子学生が、卒論の冒頭に次のように書いた。

「大学4年時の9月に教員免許取得のため、特別支援学校へ教育実習に行くことになり、そこで出会ったのが卒業研究の対象とし、協力してくれた附属特別支援学校高等部の生徒たちであった。生徒たちは非常に仲間思いであり、誰かが困っていると必ず声をかけ、助けてあげていた。それは、私の担当する授業中も同じであり、少し気持ちが崩れてしまった生徒がいたとき、他の生徒たちのフォローによって、私自身、何度も助けられた。彼らと出会っていなかったら特別支援学校の教師を目指すこともなかったのではないかと思う。」

この集団には自閉症、発達障害の子どもたちも含まれている。「おもやい」の息づく集団の中で、救われているのは子どもだけでないと気づかされた。

本書が自閉症教育について、その本質に迫るものになっていることを願って、第1巻のあとがきとする。

編集者、執筆者を代表して　三木　裕和

編著者（50音順、●は編集担当）

障害児教育の教育目標・教育評価研究会

石田　　誠（いしだ　まこと）京都府立与謝の海支援学校

岡野さえ子（おかの　さえこ）山口県立萩総合支援学校

小川　真也（おがわ　しんや）特別支援学校

川地亜弥子（かわじ　あやこ）神戸大学大学院人間発達環境学研究科

國本　真吾（くにもと　しんご）鳥取短期大学幼児教育保育学科

●越野　和之（こしの　かずゆき）奈良教育大学教育学部

澤田淳太郎（さわだ　じゅんたろう）鳥取大学附属特別支援学校

篠﨑　詩織（しのざき　しおり）奈良教育大学付属小学校特別支援学級

寺川志奈子（てらかわ　しなこ）鳥取大学地域学部

原田　文孝（はらだ　ふみたか）元兵庫県立いなみ野特別支援学校

●三木　裕和（みき　ひろかず）鳥取大学地域学部

自閉症児・発達障害児の教育目標・教育評価1

子どもの「ねがい」と授業づくり

2019 年 8 月 31 日　初版発行

編著者　ⓒ 三木裕和、越野和之、障害児教育の教育目標・教育評価研究会
発行者　田島 英二　info@creates-k.co.jp
発行所　株式会社 クリエイツかもがわ
　　　　〒 601-8382　京都市南区吉祥院石原上川原町 21
　　　　電話 075(661)5741　FAX 075(693)6605
　　　　ホームページ　http://www.creates-k.co.jp
　　　　郵便振替　00990-7-150584
印刷所　株式会社モリモト印刷

ISBN978-4-86342-267-4 C0037　　　　　　　　　　　printed in japan

好評既刊

あたし研究　自閉症スペクトラム～小道モコの場合　1800円　［15刷］
あたし研究 2　自閉症スペクトラム～小道モコの場合　2000円　［6刷］
小道モコ／文・絵

自閉症スペクトラムの当事者が「ありのままにその人らしく生きられる」社会を願って語りだす―知れば知るほど私の世界はおもしろいし、理解と工夫ヒトツでのびのびと自分らしく歩いていける！

学校に作業療法を
「届けたい教育」でつなぐ学校・家庭・地域
仲間知穂・こども相談支援センターゆいまわる／編著

作業療法士・先生・保護者がチームで「子どもに届けたい教育」を話し合い、協働することで、子どもたちが元気になり、教室、学校が変わる。　2200円

発達障害のバリアを超えて
新たなとらえ方への挑戦
漆葉成彦・近藤真理子・藤本文朗／編著

マスコミや街の中であふれる「発達障害」「かくあるべき」正解を求められるあまり、生きづらくなっている人たちの「ほんとのところ」に迫る！　2000円

特別支援教育簡単手作り教材 BOOK　［7刷］
ちょっとしたアイデアで子どもがキラリ☆
東濃特別支援学校研究会／編著

「うまくできなくて困ったな」「楽しく勉強したい」という子どもの思いをうけとめ、「こんな教材があるといいな」を形にした手作り教材集。　1500円

発達障害と向きあう　［2刷］
子どもたちのねがいに寄り添う教育実践
青木道忠・越野和之・大阪教育文化センター／編著

集団の中で発達する子ども観が貫かれ、どの子にも安心と自由が保障される教育がここに。アスペルガー障害、高機能自閉症、LD、ADHDなど、発達障害のある子どものねがいに迫る教育。　1800円

ユーモア的即興から生まれる表現の創発
発達障害・新喜劇・ノリツッコミ
赤木和重／編著　砂川一茂、岡崎香奈、村上公也、麻生武、茂呂雄二

ユーモアにつつまれた即興活動のなかで、障害のある子どもたちは、新しい自分に出会い、発達していく。「新喜劇」や「ノリツッコミ」など特別支援教育とは一見関係なさそうな活動を通して、特別支援教育の未来を楽しく考える1冊。　【DVD付】2400円

実践、楽しんでますか？
発達保障からみた障害児者のライフステージ
全国障害者問題研究会兵庫支部・木下孝司・川地亜弥子・赤木和重・河南勝／編著

発達保障をテーマにした、乳幼児期、学齢期、青年・成人期、3つのライフステージでの実践報告と、3人の神戸大学の研究者の解説＆講演、座談会。　2000円

［本体価格表示］

好評既刊

生活をゆたかにする性教育 [3刷]
障がいのある人たちとつくるこころとからだの学習

千住真理子／著　伊藤修毅／編

学びの場を保障し、青春を応援しませんか。障がいのある人たちの性教育の具体的な取り組み方を、実践例と学びの意義をまじえて、テーマごとに取り上げる。　　　　　　　　　　　　　　1500円

〈しょうがい〉と〈セクシュアリティ〉の相談と支援

木全和巳／著

事例を通して、すぐに解決できる「手立て」だけではなく、当事者の視点に立ちながら、「どうみたらよいのか」という「見立て」と「共感的理解」を学ぼう。　　　　　　　　　　　　　　1500円

知的障害の若者に大学教育を
米・欧・豪・韓国9か国20大学の海外視察から

ゆたかカレッジ・長谷川正人／編著

ほとんどの青年が大学進学する時代、日本の知的障害者の高等教育は保障されていない。各国大学の視察から日本の知的障害者高等教育のあり方を問う！　　　　　　　　　　　　　　2000円

福祉事業型「専攻科」エコールKOBEの挑戦

岡本正・河南勝・渡部昭男／編著

障害のある青年も「ゆっくりじっくり学びたい、学ばせたい」願いを実現した学びの場「専攻科」、ゆたかな人格的発達をめざす先駆的な実践。高等部卒業後、就職か福祉就労の2つしかなかった世界で生まれた、新たな「学びの場」＝「進学」という第3の選択肢。その立ち上げと運営、実践内容のモデル的な取り組み。　　　　　　　　　　　　　　2000円

障がい青年の大学を拓く
インクルーシブな学びの創造

田中良三・大竹みちよ・平子輝美・法定外見晴台学園大学／編著

発達・知的障がい青年のために開かれた大学づくりのもとで本物の学びにふれ、友だちをつくり、青春を謳歌する学生たちと直接、障がい者に関わりのなかった教授陣の類いまれな授業実践！。　2000円

新版・キーワードブック特別支援教育　インクルーシブ教育時代の基礎知識

玉村公二彦・黒田学・向井啓二・清水貞夫／編著

特別支援教育の基本的な原理や制度、改革の動向や歴史、子どもの発達や障害種別による支援など、基本的な知識を学ぶことが重要。教員をめざす人、特別支援教育学、心理学、福祉学、歴史学のテキストとして最適。　　　　　　　　　　　　　　2800円

キミヤーズの教材・教具　知的好奇心を引き出す [5刷]
村上公也・赤木和重／編著　【45分授業を収録したDVD付】

なによりも具体的な教材・教具づくりのヒントがいっぱい！子どもたちの知的好奇心を引き出し、教えたがりという教師魂を刺激する、そして研究者がその魅力と教育的な本質を分析・解説。仲間の教師や保護者 が、授業で実際に使った経験・感想レビューが30本。　　　　　　　　　　　　　　2800円

［本体価格表示］

三木裕和、越野和之、障害児教育の教育目標・教育評価研究会の本

総論●友だちが好き、先生が好き、授業が好き
　　自閉症教育の基本を振り返る
　　　三木　裕和（鳥取大学）

特論●情動的共感を教育目標に
　　強度行動障害の理解と実践
　　　別府　哲（岐阜大学）

特論●強度行動障害のある人に対する教育実践の現状と展望
　　　赤木　和重（神戸大学）

実践●子どもたちが教えてくれたこと
　　　木澤　愛子（滋賀県立甲良養護学校）

実践●友だちが心に灯った時「ごめんなさい」のことば
　　　大島　悦子（大阪市立小学校）

実践●要求を育み、楽しめる世界をつくり出す実践から学んだこと
　　　黒川　陽司（神戸大学附属特別支援学校）・大宮　ともこ（日本福祉大学）

実践●喜怒哀楽の「怒」から「あい」へ
　　　吉岡　智奈里（社会福祉法人あみの福祉会）

実践報告の解説とコメント
　「行動障害」のある自閉症の理解と指導
　　　三木　裕和（鳥取大学）

報告●教育相談の窓口から見た学校教育
　　　西堂　直子（神戸大学附属特別支援学校）

特論●子どものかわいさ・おもしろさをわかちあう療育実践
　　心理職はどのように加わることができるのか
　　　内藤　綾子（鳥取市こども発達支援センター）

自閉症児・発達障害児の教育目標・教育評価2
「行動障害」の共感的理解と教育

激しい行動の内側で、子どもが本当に伝えたいことは何か。その、目に見えないところをわかりたい。本書とあわせて読みたい一冊。

A5判136ページ
本体1400円＋税

好評既刊

障害のある子どもの教育目標・教育評価
重症児を中心に

「客観性」「測定可能性」「成果」を、研究者と実践家が様々な角度から鋭く論考。

A5判196ページ　本体2000円＋税